教育部高校思想政治工作质量提升综合改革与精品建设项目
"气象科普暨科学家精神教育实践基地"成果
21世纪经济管理新形态教材·工商管理系列

经管学科课程思政案例汇编

曹 玲 巩在武 李 琰 ◎ 主 编

清华大学出版社
北京

本书封面贴有清华大学出版社防伪标签，无标签者不得销售。

版权所有，侵权必究。举报：010-62782989，beiqinquan@tup.tsinghua.edu.cn。

图书在版编目 (CIP) 数据

经管学科课程思政案例汇编 / 曹玲，巩在武，李琰主编. -- 北京：清华大学出版社，2025.4.
(21 世纪经济管理新形态教材). -- ISBN 978-7-302-69071-9

Ⅰ. G641

中国国家版本馆 CIP 数据核字第 202575M0T6 号

责任编辑：徐永杰　朱晓瑞
封面设计：汉风唐韵
版式设计：方加青
责任校对：宋玉莲
责任印制：丛怀宇

出版发行：清华大学出版社
　　　　网　　址：https://www.tup.com.cn，https://www.wqxuetang.com
　　　　地　　址：北京清华大学学研大厦 A 座　　邮　编：100084
　　　　社 总 机：010-83470000　　　　　　　　　邮　购：010-62786544
　　　　投稿与读者服务：010-62776969，c-service@tup.tsinghua.edu.cn
　　　　质 量 反 馈：010-62772015，zhiliang@tup.tsinghua.edu.cn
印 装 者：涿州市殷润文化传播有限公司
经　　销：全国新华书店
开　　本：170mm×240mm　　印　张：13　　字　数：225 千字
版　　次：2025 年 5 月第 1 版　　印　次：2025 年 5 月第 1 次印刷
定　　价：99.00 元

产品编号：095426-01

前　言

改革开放以来，我国高校教材建设取得了巨大的成就，教材建设在党和国家事业全局中的地位凸显，党中央和国务院明确教材建设是国家事权。至目前为止，高校教材建设呈现出百花齐放的态势，市场上可选的教材种类繁多，涌现出了一大批人们耳熟能详的优秀教材。这些优秀教材的出版，大多聚焦特定学科，为我国社会主义建设培育了大批科学技术过硬的人才，其中不乏各校马克思主义理论学科的各类思政专业用书，但大部分思政类用书与其他各专业用书整体体现出了比较突出的专业独立性，专业课程教师的借鉴意愿不强。

进入新时代，习近平总书记对教材建设做出一系列重要指示批示，强调要从维护国家意识形态安全、培养社会主义建设者和接班人的高度来抓好教材建设，马克思主义理论研究和建设工程（以下简称"马工程"）开始大力发展。2019年，教育部印发了《普通高等学校教材管理办法》，强调教材建设规划应体现国家意志，重在政策引导，告诉人们教材建设应该"做什么""怎么做""做到什么程度"，具有鲜明的导向性。2020年6月，教育部印发《高等学校课程思政建设指导纲要》，指导各高校开展课程思政建设，需将政治方向、政治标准有机融入教材，不能简单贴标签。这就对思政教育与专业教育的融合提出了新方向、新要求，具备融合特征的"思政－专业"融合教材蓬勃发展。

在各大院校通过思政课程贯彻落实立德树人教育理念的过程中，不可避免会出现一些课程思政效果不佳的现象。究其原因，编者发现很多课程思政的融合较为僵化，没有达到润物细无声的效果，如果实施不当，课程效果甚至可能适得其反。相比课程内容类教材，教学方法类教材，特别是有关课程思政融入方法与路径的教材相对较少，这导致教学实践中的成功经验和存在的问题缺少总结，需要教师自行摸索，从而出现思政教学效果参差不齐的现象。归根结底，思政目标作为一条"暗线",应当与一般教学的知识、能力、素养等"明线"培养目标有效融合,让青年学生通过学习和实践真正自觉地爱党、爱国、爱中华优秀传统文化,这方面的相关方法需要广大教师在实践中努力摸索。为了帮助广大教师厘清思路,抓住重点,编者立足所处学科特点,组织多位课程组成员,经过多轮讨论和筛选,精心遴选一批优秀的课程思政教学案例,并从中提炼出一套基于课程思政的教学改革框架、路径、方法,汇编成本书。

本书的内容和形式分为以下两大部分。

一、方法传播

本书的"思路成果篇"将呈现课程思政最新研究成果,可更深入地理解和掌握国家政策,纠正师生对教材认识的误区和偏差;依托经管学科多类别课程,教学成果覆盖课程思政的"发展模式""融入路径"和"实施策略",系统形成课程思政融入的方法与框架体系。

二、案例示范

本书的"教学案例篇"将分享经管学科多项思政融入实践案例,课程种类包含学科理论基础类、工具方法类、计算机应用基础类和跨学科类等多类别核心课程,案例与"思路成果篇"中的思政融入模式、路径和策略相对应,能够充分发挥思政案例灵活示范作用,贯彻"学为中心"的思政教学观。

本书的"思路成果"及"教学案例"皆配合最新的教学手段与教学方法,授课模式包含线上、线下与线上线下混合式,授课语言包含中文与中英双语,能够有效激发师生互动创新意识并循环反馈,在形成持续更新的出版计划的基础上,开发出高水平、立体化的教材,达到持续创新引导的效果。

本书的特色在于以下三方面。

一、聚焦课程思政,强化政治引领

教材作为传播载体,需要与实际工作相契合。本书的主要受众是经管学科课程授课教师,其他学科授课教师和相关管理人员可作为参考。为了使大学生树立正确的价值观和人生观,教师必须坚定政治立场,积极学习并践行恰当的课程思政融入方式。本书对教师课程思政融入专业教学的授课实践给出了从方法论到应用案例的全方位指导,强化教师的政治敏锐度和政治原则性。

二、定位人才培养,推进"学为中心"

传统思政教学模式较为抽象,如方式不当,会使学生感到枯燥。本书给出的思政研究与经济管理学科人才培养计划紧密契合,强调"学为中心"的自然融合。经管学科作为实用型学科,与实践活动联系紧密,尤其是近年来,随着国内外经济的发展和变化，思政内容的融入必须结合最新实践和典型案例，并及时更新与调整。本书"思路成果篇"的方法路径具有更广泛的适用性，"教学案例篇"为教学设计提供了更开阔的思路，理论与实践相结合的编排模式可以有效推进学生的"思政－专业"融合学习，提升教材的使用效果。

三、完善教材体系，实现持续创新

当代大学生教材既要融汇相关专业和教学方法研究的最新成果，又要顾及当前新的传播形式和手段，本书积极推动教材内容和形式创新，增强教材的实践性和时代性。本书的编写团队将持续开展相关调查研究，收集一线教师和学生的意见和建议，做到有的放矢，不断创新和完善本书，为思政进经管课堂提供丰富的案例和充足的配套资源。

本书是 2025 年度高校思想政治工作质量提升综合改革与精品建设项目"气象科普暨科学家精神教育实践基地"、中国科协"南京信息工程大学'气象大家'科学家精神教育基地史料收集和口述访谈项目"的研究成果。本书由曹玲、巩在武、李琰任主编，曹玲、巩在武提出提纲，由李琰对全书进行审核定稿。编写分工如下：思路成果篇，分别由蒋松演、李琰、王雪芬和唐玲老师编写；教学案例篇，"管理学"课程由段一群和李敏老师编写，"经济学原理"课程由余菜花老师编写，"统计学"课程由李琰和孙菲菲老师编写，"运筹学"课程由王玉生、许微和周飞雪老师编写，"信息管理学"课程由李敏老师编写，"信息系统设计与实现"课程由杨怡老师编写，"公共气象服务"课程由张丽杰和吉中会老师编写。

由于作者水平有限，书中缺点和错漏在所难免，我们诚挚地希望读者就本书多提宝贵意见，以便我们及时修订、完善。

编者
2025 年 2 月

目 录
Contents

第一篇 思路成果篇 / 1

第一章 基于课程资源的思政融合整体思路 / 3
第二章 基于动态评教的思政融合改进实践 / 11
第三章 基于应用拓展的思政融合重点思辨 / 25
第四章 基于交叉学科的思政融合拓展实践 / 29

第二篇 教学案例篇 / 39

第五章 "管理学"课程思政典型案例 / 40
  第一节 课程整体思政教案示范 / 41
  第二节 新时代大力弘扬社会正能量与正向价值追求对激励的强化效力 / 58
第六章 "经济学原理"课程思政典型案例 / 71
  第一节 疫情突袭,稳价安民,共克时艰 / 72
  第二节 调整消费结构,助力精准扶贫 / 81
第七章 "统计学"课程思政典型案例 / 91
  第一节 统计指数,一起来看脱贫攻坚在行动 / 91
  第二节 共倡绿色环保,推进垃圾分类 / 99
第八章 "运筹学"课程思政典型案例 / 113
  第一节 培养爱国主义精神,建立民族文化自信 / 114
  第二节 攻坚克难求真知,整数规划寻突破 / 120
  第三节 树立规则意识:排队模型的应用 / 126

第九章 "信息管理学"课程思政典型案例 / 134

第一节 大力倡导新时代"为人民服务"理念追求,提升"以人为本"的信息用户研究 / 134

第二节 以建设创新社会为己任,促进高质信息交流 / 149

第十章 "信息系统设计与实现"课程思政典型案例 / 160

第一节 系统开发中的伦理道德 / 161

第二节 信息系统设计时是否可以随意命名 / 172

第十一章 "公共气象服务"课程思政典型案例 / 179

第一节 以人为本,上下联动,应对灾害 / 179

第二节 智慧气象,守护地球,服务社会 / 186

第一篇　思路成果篇

经管类专业包括经济学与管理学两大学科门类，主要覆盖经济、管理、金融、贸易、物流、人力资源、信息与大数据等不同的专业类型。相关课程种类繁多，覆盖范围广泛，科学性与艺术性共存，文理特色兼具，不同课程的思政融合方法多样，效果不一。

按照普通高等院校创新型、复合型、应用型人才的培养需要，经管类学科多将研究方法、跨学科前沿、创新创业指导等内容融入各专业课程体系，培养计划一般覆盖必要的学科理论基础类、工具方法类、计算机应用基础类和跨学科类等多类别核心课程。以南京信息工程大学（以下简称南信大）管理工程学院各专业部分核心课程为例，相关课程思政融入概况如表1-1所示。

表1-1　经管学科课程的思政融入概况

课程类别	代表课程	是否"马工程"类教材	思政融入方式	授课效果反馈
理论基础类	"经济学""管理学"等	是	教材+设计	**有效思政融入**：在学生们"素养"提升的基础上，"知识"与"技能"的掌握更加完备扎实。
工具方法类	"统计学""运筹学"等	否	自行设计	
计算机应用基础类	"管理信息系统"等	否	自行设计	**无效思政融入**：学生们无视或轻视基于课程的"素养"提升，"知识"与"技能"的掌握比较消极被动
跨学科类	"公共气象服务"等	否	自行设计	

注："马工程"类教材覆盖的经济学类课程包括：中国经济史、世界经济史系列；区域经济学系列；社会保障概论系列；人口资源与环境经济学系列；西方经济学（宏观、微观经济学）系列；世界经济概论系列；马克思主义经济学（含资本论）系列；经济法学系列。"马工程"类教材覆盖的管理学类课程包括：管理学、管理学原理系列；管理学理论与应用（实践）系列。

从表 1-1 和前述分析可以看出：①"马工程"类教材覆盖的课程只占经管学科课程的一小部分，绝大多数课程教材仍属于传统的专业类课程教材，因此思政融入方式以教师"自行设计"为主；②开设思政课程并不等于授课效果的提升，只有有效的思政融入才可以推动"知识—技能—素养"三位一体人才培养目标的良性互促。

本篇收集了不同课程特色下经实践验证后成效比较显著的思政融合思路，希望能对读者有所启发。

第一章　基于课程资源的思政融合整体思路

为了将思政自然融入课程，课程组或任课教师需要提前将丰富的思政元素与课程内容整合。部分课程已有配套的思政教材，如"马工程"类教材，在授课实践中其思政元素需要实时更新；大多数课程的配套教材可能并没有提供贯穿课程知识体系的思政元素，这就更需要教师们在工作和生活中积极提炼素材，不断丰富课程资源。在丰富思政课程资源时，如何找准思政内容与课程理论体系本身的"切入点"和"接合部"，是课程思政化建设面临的关键问题。建议在教学实践的基础上，凝练教学内容建设、教学过程建设、保障体系建设三个层面的课程思政建设，旨在将思政教育元素多角度、全方位地融入专业课程教学各环节，促使任课教师、学科团队与教书育人同向同行，促进思想政治教育与知识体系教育的有机统一，提升学生全面的能力素养。

典型应用课程：管理学

课程类型：理论基础类

课程特点：课程组授课、线上线下混合式

高校思政教育不但是思政教师的工作，更是所有高校教师的责任，其根本途径在于强化思想理论教育和价值引领，促进将传授专业知识和传递正确思想相结合的课程思政化建设。"管理学"是一门科学与艺术、理论与实践相结合的专业基础课，"马工程"中的管理学教材为管理学的教学提供了丰富的课程思政元素。然而如何将思政教育元素多角度、全方位地融入管理学课程教学过程各个环节，找准思政内容的"切入点""剖析面""接合部"，促使任课教师、学科团队与教书育人同向同行，促进思政教育与知识体系教育的有机统一是"管理学"课程思政化建设面临的关键问题，其目的在于提高学生辩证分析与研究、自主实践与运用的能力，培养学生成熟的组织价值观，帮助其树立着眼强国、实干创新的理念素养。

一、课程思政建设思路

在教学内容上,"马工程"中的管理学教材的特色在于突出新时代中国特色社会主义理论建设成果和马克思主义理论,深耕中华文化传承的精髓魂魄和紧跟时代发展的科技动因。因此,管理学课程思政在教学内容建设思路上,充分融合"马工程"管理学教材中强调的四个方面:一是用马克思主义理论指导管理学的研究和学习,运用历史唯物主义和辩证唯物主义的观点去分析管理理论与管理实践应用;二是充分运用新时代中国特色社会主义理论的体系成果,在总结中国特色管理实践经验的基础上,强调当前中国企业管理中的行为模式,把握和探寻实现中国道路的管理精髓;三是深耕中华文化传承的精髓魂魄,在总结传统文化中管理启示的基础上,结合现代管理理论和行为,使学习者对于传统文化的领悟更具有现实意义;四是紧跟时代发展的科技动因,在通过教材引导学习者深入思考互联网时代对管理带来深刻变革的基础上,帮助学习者建立以更加开阔的思维迎接新时期管理机遇与挑战的理念。

在教学过程和保障系统的建设思路上,突出"导、学、研"三位一体的模式设计。"导",就是引导学生自主通过课前预习了解知识点脉络,通过自测分析预习效果,为课堂有重点的讲授提供依据;"学",就是教师精讲导学,帮助学生建立基本的认知,启发学生深入思考,提高学生独立学习与思考的能力;"研",就是通过科学研究、研讨交流,以研促学,通过教师专业技能的提升带动教学能力的提升。

二、课程思政设计实践

(一)教学内容建设

本书通过深入挖掘管理学中蕴含的思政元素,如习近平总书记治国理政管理思维、社会主义核心价值观、创新创业、辩证唯物主义、文化自信、党的组织管理经验、国内外时政案例等,将思政元素和管理学深度融合,为"管理学"课程思政提供丰富内容。

1. 管理学导论模块

本模块的教学目标是了解管理的内涵和时代背景，掌握管理的基本原理和方法。在管理内涵的学习中，以习近平总书记治国理政思想中"国家治理体系和治理能力现代化"的科学思维为思政融入点，引导学生认识管理的科学性和艺术性。以2020年疫情期间我国政府优秀的社会管理实例为思政融入途径，结合小到个人、社区，大到城市、国家的管控案例，引导学生思考管理中蕴含的人本原理、系统原理、效率原理等基本原理，提升学生对管理思维的感知和应用能力，使学生认识到管理理论应用的广泛性，形成学习"管理学"的内驱力。

在管理活动全球化时代背景的介绍中，以社会主义核心价值观中的"爱国"和"敬业"为思政融入点，以师生共同探讨中美"贸易战"的时政案例为融入途径，引导学生认识欧美发达国家以安全等为借口限制中国正当外贸权利的真实意图在于利用长期积累的资本和技术优势限制中国的和平发展。通过让学生充分探讨我国如何打破西方封锁，全面提升自身的竞争力，维护正当的发展权益，激发学生爱国热情和专业课程学习积极性。

2. 管理理论的演进

本模块的教学目标是了解管理理论的演进历程，掌握各个阶段管理理论的核心特征。在管理思想起源的学习中，以"文化自信"为思政融入点，以解析中国古代儒家、法家、道家等主要思想流派中的优秀管理理念为融入途径。例如，儒家以"人"为中心的管理哲学将"为政以德""正己正人"与管理学中的人本主义精神相联系；道家以"道"为中心的管理哲学，提倡"道法自然"和"无为而治"，认为管理要按照客观规律办事，与管理学的科学性和规律性相联系；法家以"法"为中心的管理哲学，强调在管理中制度的重要性，与管理学中的制度理论相联系。通过提炼、总结中国古代优秀思想中的管理理念，让学生认识到中国文化的博大精深，强化学生的文化自信。

在管理理论演进部分的教学中，以基础理论创新为思政融入点，让学生思考讨论中国古代优秀管理思想未演化成管理理论的原因，并以此为融入途径，引导学生认识到把现象提炼成理论在文化传播和促进生产力发展中的重要作用，提升学生的基础理论创新意识，激发学生的探索热情。

3. 决策模块

本模块的教学目标是理解决策过程，了解决策影响因素，掌握决策方法。在决策过程和影响因素的学习中，以辩证唯物主义为思政融入点，强调决策过程中需要辩证、系统、客观地思考决策可能面临的问题；以邓小平同志在中国改革开放过程中系列决策的讲解为思政融入途径，通过对我国改革开放前后面临的内外部环境的系统讲解，让学生理解决策过程中的环境分析方法，认识科学理性决策的关键在于全面系统的环境分析。

在决策方法的学习中，以"大众创业、万众创新"为思政融入点，重点讲解 SWOT 模型和蒂蒙斯的机会评价模型；以 SWOT 模型、蒂蒙斯机会评价模型的应用为思政融入途径，让学生自主选择评价一个创新或创业的机会，让学生认识到创新创业决策过程中对行业和市场、经济因素、竞争优势等内容的把控，提升学生创新创业的抗风险实践能力，与当前的大学生创新创业实践相配合。

4. 计划模块

本模块的教学目标是了解计划的本质，掌握计划的方法，理解推进计划的流程。在计划本质和方法的学习中，以培养正确的时间观和人生观为思政融入点，强调"凡事预则立，不预则废"，拥有完善计划，才能在人生道路上有条不紊地前进。以让学生制订自己的学习生活计划和人生规划为思政融入途径，让学生认识短期、中期和长期等不同的计划类型，掌握制订计划的程序和方法。

在推进计划流程的学习中，以中国共产党在各个历史时期奋斗计划的变化为思政融入点，让学生认识到计划不是一成不变的，计划需要根据实际情境进行调整。在思政融入途径上，以 PDCA 循环经典案例的应用为切入点，通过案例讲解，让学生更直观地理解采用 PDCA 方法推进计划的实践应用能力。

5. 组织模块

本模块的教学目标是理解组织设计的影响因素和掌握组织结构，了解人员配备，理解组织文化的作用和功能。以从党的组织管理中学习经验为思政融入点，讲解不同时期党组织和政府的组织结构和运行制度的特点，结合当前我国政府管理领域出现的一些"九龙治水"问题，让学生充分认识权责设计、沟通设计、顶层设计等组织设计对组织有效性的重要作用。在组织结构的学习中，以组织结构类型的讲授为基础，以学生自主绘制所熟悉组织的结构图为思政融入途径，分组探讨所绘制的不同组织结构的特点，让学生掌握组织结构优缺点分析的应用能力。

在人员配备部分的教学中，在理论讲授的基础上，以人员选聘场景模拟为思政融入途径，通过轮流扮演选聘过程中的不同角色，让学生深刻把握管理过程中人员选聘的原则、方法和程序。此外，通过让学生总结选聘过程中各种角色的扮演心得，塑造学生正确的求职动机，提升团队协作能力，并且让学生充分认识到求职道路上的激烈竞争，培养学生的危机意识。

在组织文化的作用和功能部分的教学中，以"文化自信"为思政融入点，以当前中国优秀企业组织文化案例为思政融入途径，通过格力的"创新文化"、中航的"工匠精神文化"等案例的讲解，让学生深入领会中国传统优秀组织文化的内涵，树立正确的文化观，建立文化自信的时代标准。

6. 领导模块

本模块的教学目标是理解领导者思想和领导理论，掌握激励理论和方法，了解沟通的功能和过程。在对领导者思想和领导理论的学习中，以从党的组织管理中学习经验为思政融入点，引导学生思考中国共产党在我国领导地位形成的根源。以毛泽东领导地位确立过程中的典型案例剖析为思政融入途径，引导学生辨析管理和领导的差异，提炼出领导权力的特点在于参照权和专家权。在学习领导理论的过程中，融入党的集体领导，通过课堂讨论党集体领导的案例和优势，加深学生对领导者团队理论的认知。

在激励理论和方法部分的教学中，以"共和国勋章"和华为股权激励的比较分析为思政融入途径，引导学生辩证认识和把握精神激励和物质激励在新时代社会主义建设过程中的促进作用，深刻认识激励理论的作用机制以及其现实情境中的应用，真正认识新时代大学生自我实现的需求，形成关注物质但不唯物质的正确价值观和人生观。

在沟通功能和过程的教学中，以矛盾的普遍性为思政融入点，探讨当前中国社会各领域普遍存在的冲突，引导学生认识沟通在解决社会冲突、组织冲突中的作用，树立对沟通的直观认识。以从党的组织管理中学习经验为思政融入途径，组织学生讨论习近平总书记提出的"要不断创新形式、方法，搭建平台，加强与群众的沟通，用有效的方法扩大党群沟通的方式"的具体途径，引导学生形成通过沟通解决冲突的理念和实践能力。

7. 控制模块

本模块的教学目标是掌握控制的作用和过程。以从党的组织管理中学习经验为思政融入点，以中、美两国在疫情防治过程中的控制行为和结果剖析为思政融入途径，引导和促进学生主动全面了解党在国家各个领域生产活动中的管理活动的重要意义,让学生举例探讨因控制不严导致的生产安全事故和生命财产损失,充分认识控制在管理中的重要意义。引入中国各领域组织工作和生产实践中的组织控制和产品质量控制案例,分析归纳控制案例中的控制原则、类型、过程和方法。引导学生注重并养成细致严谨的治学、工作态度。

8. 创新模块

本模块的教学目标是理解创新的原理,掌握组织变革。在创新原理的教学中,以"大众创业、万众创新"为思政融入点,结合华为芯片被美国"卡脖子"的案例,让学生正确认识中国科技水平与世界先进水平之间的差距,提炼出科技创新在国际竞争中的作用。同时通过让学生介绍近年来中国自主创新的成果,如超级计算机、深海探测、"天眼"望远镜等,激发其科技创新的热情。以剖析华为组织结构变革四个阶段的案例为思政融入途径,让学生认识到中国企业发展也是在时代大潮中顺势而为,开创并形成了"中国模式""中国经验",并引导学生提炼出组织创新的内涵,即任何一种制度、机制并非一成不变,适应变化的市场、环境、挑战,不断调整和改变,是组织改革与发展的根本要义,也是组织创新的本质特征。

(二)教学过程建设

教学过程的建设包括教学活动设计、教学方法设计和考核方式设计三个方面,贯穿课堂的始、中、末三个阶段。

1. 教学活动设计

在课程开始阶段,设计"学生回顾"环节,以学生为主体展开课程内容的回顾,以任务驱动学生自主学习的能力;然后以教学内容提供的鲜活思政案例导入新的课程内容,让学生直观认识管理学内容,调动学生的学习兴趣。在课程中,设计以能力提升为目的的育人活动,通过教学活动情境化实现教育立体化,让学生产生情感共鸣,丰富学生的思政体验。

2. 教学方法设计

在教学方法上,采取混合式、视频分享、理论讲授、角色扮演、分组研讨等多种方法,提升学生的沉浸式课堂参与感。例如,在混合式方法的应用中,在面对面线下授课的基础上,发挥"超星学习通"的线上资源和渠道优势,构建师生共同探讨、沟通的第二课堂,提升学习效果。在新媒体的应用中,剪辑优秀企业管理者的管理心得视频,通过交互按钮的控制,弥补了以往在黑板上板书或采用挂图对静态画面进行讲解的不足,使教师与学生在教学互动中实现共通。同时,通过优秀企业家的讲述,激发学生对创新创业的信心和兴趣。

3. 考核方式设计

在考核方式上,采用平时表现(课程参与度)、作业完成度和闭卷考试相结合的方法,多维度考察学生学习成效。在平时表现考核中,注重对学生的主动服务意识、社会主义核心价值观等内容的考察;在课后作业中,采用开放式问题的方法,强调对学生创新意识的考察;在闭卷考试中,注重将试题与社会热点问题相结合,激发学生理论与实践相结合的能力。多样、新颖的考核方式既有助于克服学生死记硬背和可能抄袭的弊端,又培养和提高了学生在管理学学习过程中的实践和应用意识,并为学生走出校门、求职创业提供了积累与准备。

(三)保障体系建设

1. 师资团队建设

高水平的师资队伍是课程建设的基石。"管理学"以课程组为基础,实行动态优化调整的模式,历经若干次的优化组合,已经形成了一支多层次的、稳定的教学团队。不断注重青年教师的引入,以"传帮带"模式,采用指导教师制,为每位青年教师配备一名教学经验丰富的老教师,在教学过程的各个环节精心指导,注重教师整体素养的快速提升。

2. 能力提升设计

课程组利用和创造各种条件,通过让任课教师在产业园区、企业进行挂职锻炼,提高教师理论结合实践的能力和发现鲜活案例的能力。为课程组教师提供参与各类教学改革活动和教研学术交流活动的机会,使教师能够学习先进的教育教学经验。通过鼓励教师参与各类教育教学竞赛,全面提升教师的综合素质。

3. 课程反思机制

建设课程视频的课后分析机制和学生课后的评价机制,对教学目标的达成情况、课程思政的融合情况、重点难点的解决情况进行反思和梳理,并针对课程思政建设和其他教学问题,利用线上线下的全员研讨会,分析解决问题,实现课程组整体业务能力的持续提高。

三、结语

面向"马工程"的"管理学"课程思政化建设秉承强化思想理论教育和价值引领、发挥社会科学育人功能的课程宗旨和目标,通过汲取历史精华、注入现代元素、丰富教学手段等途径,实现教学内容、教学过程和保障机制的"三位一体"课程建设,突出体现马克思主义中国化的最新理论成果,重视价值引导和对优秀传统文化的传承,以期有效引导学生自觉弘扬和践行社会主义核心价值观,不断增强学生的"四个自信"。

第二章 基于动态评教的思政融合改进实践

课程培养目标中"知识"与"技能"的传授效果相对容易评价,然而与课程思政紧密相关的"素养"目标的完成效果往往评价不一。参考单一评教体系的学生评教可能受到多方面因素的影响而呈现不客观的结果,且粗泛型评教结果的利用不当将使其无法体现后续教学的指导作用等,这引发了编者很多思考。考虑到线上教学管理系统的逐渐普及,本书提出一种基于动态评教的课程思政改进策略,即依托新型授课方法的工具方法类课程,鼓励学生在一学期课程中(共16周)的前十周分三个评教点在线评教,采用德尔菲主观权重赋值和评价法迅速确定每阶段的重点改进方向,参考师生意见,展开教学方案改进的实践。实践证明,基于在线评教的线上课程教学方案的改进方法,可以有效保证课程在包括英语能力培养的综合培养目标上的实现,方法针对性强、直观有效。

典型应用课程:统计学(英文)

课程类型:工具方法类

课程特点:英文授课、线上线下混合式

由于高等教育是分专业、分层次,立足于学生能力培养的高级教育活动,高校新型教学和学习模式的探索与优化需要教师和学生形成合力,积极探索、及时反馈。与以往常规线下课程不同,全线上课程或线上-线下混合式课程[①]的建设需要全面依托网络教学平台的功能展开,为了保证新形势下的线上学习效果,适当的评教方法及教学方案的实时改进尤为重要,特别是针对性较强的思

---

① 任艳,马永辉.混合式教学理念下大学英语师生"双师"教学模式研究[J].黑龙江高教研究,2019,37(12):153-156.

政课程教学方案的改进。

不管是面向本科生还是研究生，思政融入原有专业课程不仅是针对原有教学方案的案例素材更新，而是一套新型的基于授课对象培养方案的教学模式变革。以"统计学（英文）"课程为例，课程需要在方法类知识技能和专业英语技能的基础上强化"素养"目标的达成。基于英文统计材料的思政课程建设往往会更侧重于课程内容与材料的英文分析、讨论与陈述，互动性更强，如果课程的教学方案设计不佳，可能会出现因为互动缺乏或互动低效导致课程专业内容和重难点的剖析深度不足等问题。

在高层次人才培养目标的指引下，课程结束后的一次性传统评教方式的有效性受到了越来越多的质疑，参考单一评教体系的学生评教可能受到多方面因素的影响而呈现不客观的结果[①]，且粗泛型评教结果的利用不当将使其无法体现后续教学的指导作用[②]等。这引发了很多学者的研究，并提出了一些改进策略，如建立科学合理的评价指标体系[③]、破除被动评教、改进评教形式、不断丰富评教指标[④]，采用数据驱动开展发展性学生评教实践、让学生和教师成为指标体系设计的主体[⑤]等建议。随着线上教学方式的推广，课程评价的时间和形式可以更加灵活多样，评教数据的获取与评教信息的提炼也可以更及时便捷，这为实时改进教学方案提供了有效的支撑，从而助推课程模式的改革与创新。

本章基于南信大"统计学（英语）"线上线下混合式课程开展的实践展开讨论。首先，在学期初与授课对象交换评教及教学方案优化实践的意见；其次，分别在课程开设后的前十周的三个时间点依托超星学习通云端教学平台展开评教问卷调查并获取数据，分别在各个时间段迅速提炼课程优化的主要方向并基于调研结果通过访谈获取学生反馈，总结下一阶段英文课程的教学方案改进办法；最后，比较前十周三个时间点的课程总评价，总结教学方

---

① Cain J, Stowe C D, Ali D, et al. How Faculty Recognized for Teaching Excellence Interpret and Respond to Student Ratings of Teaching[J]. American Journal of Pharmaceutical Education, 2019（83）：565-573[2023-01-10]. https://blogs.berkeley.edu/2013/10/14/do-student-evaluations-measure-teaching-effectiveness/.
② 杨斯喻. 来华留学生评教的有效性分析：基于非教学因素的影响视角 [J]. 黑龙江高教研究，2019（8）：38-44.
③ 钟有添，王立，盛瑶环，等. 高校学生评教探析 [J]. 教育探索，2008（3）：75-76.
④ 龙洋，王玲. 论高校学生评教的"教学学术"价值之维 [J]. 当代教育科学，2019（8）：7-11, 32.
⑤ 杜江，程建钢. 数据驱动的高校学生评教实施策略研究 [J]. 中国电化教育，2019（9）：112-120.

案改进效果。该实践不但提高了学生们在课程上的参与感，激发了学生学习的积极性和主动性，而且有效提升了授课效果，便捷易操作，实践性强，对包括工具方法类课程（英文课程）在内的多种教学模式的教学方案改进均具有积极作用。

一、课程建设背景

作为国家"双一流"建设高校，南信大为了培养具有坚定政治素养以及国际化视野的优秀人才，展开了多维探索。"统计学"课程团队自2017年开始尝试中英双语和全英文教学，在这一过程中始终注重中英文思政素材的课程知识融入；随着"互联网+教学"模式的推广，该英文课程自2019年起依托超星学习通app平台展开线上线下混合式教学的教学模式改革实践，思政融入方面则需进一步考虑到线上教学资源展示与分享的特征；在2020年年初依托超星学习通和腾讯QQ群展开纯线上课程和混合式课程思政融入改革实践，其中线上/混合式教学方案的实施包括课程平台建设和线下线上课程组织两个方面，课程建设过程保证了"互联网+教学"模式跨界融合性、创新驱动性、结构重塑性等特点[①]的体现。

二、课程思政教学方案改进方法

由于授课对象类型及特点、培养目标、授课环境（平台终端、课堂人数等）等方面的差异，不同课程的平台建设、思政素材融合及课程组织都应有不同的侧重，教学方案的改进应因地制宜。本着及时、高效的目标，本课程在每学期开课前就完成了课程平台素材库的初步更新，分知识点设计了包括"课前引导预习、在线课堂设计、课后测试反馈"的思政融入课程组织方案，并公布在课程平台供学生查阅并收取反馈。开课初期迅速展开教学方案的改进实践，在与学生充分沟通后，前十周选择三个评教点分周期依托超星学习通教学平台鼓励学生展开在线评教，结合相关教师和督导专家意见，每阶段参照评教流程（图2-1）推进教学方案的改进。

---

① 童顺平. 高校"互联网+教学"：内涵与特征[J]. 重庆高教研究，2017，5（1）：13-17.

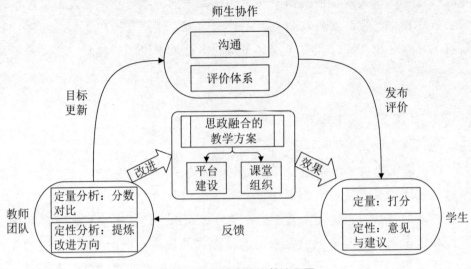

图 2-1 阶段性在线评教流程图

(一)指标体系设置或更新

首先,参照传统评教指标初步设计统一的课程评教指标体系;然后,考虑到分阶段的课程改进和评价计划,将指标体系分为分类指标和综合指标两类。由于课程建设的复杂性,分类指标的权重可依据学生评教反馈灵活调整(主观赋权法),以供分析不同课程的改进方向,而综合指标则保证一致性以供横纵向对比课程的改进效果。另外,新指标体系考虑到英文课程的语言特点,从课程平台建设和线上课堂组织设计多方面获取学生评价和意见反馈,如表 2-1 所示。

表 2-1 参照传统评教的思政融入课程学生动态评教指标体系

评教体系	常规课程学生评教体系 (固定权重)	思政融入课程的学生动态评教体系	
内容	1. 教学充满热情	分类指标 (动态权重)*	1. 课程建设正规完整,教师认真负责
	2. 治学严谨,能对课堂秩序进行有效管理		2. 治学严谨,线上课程的教学方案及管理科学有效(包括课前引导、在线课堂及课后设计)
	3. 课程内容充实,教学资源利用有效		3. 平台内容充实、课程资源能有效启发思考

续表

评教体系	常规课程学生评教体系（固定权重）	思政融入课程的学生动态评教体系	
内容	4. 上课思路清晰，有效引导课堂活动	分类指标（动态权重）	4. 课堂的授课思路清晰，知识性与启发性共存，课堂活动种类丰富，专业英语应用适度
	5. 坚持课后辅导答疑，乐于与学生交流		5. 基于最新社会经济现状，坚持课前引导与课后答疑，乐于交流且沟通流畅
	6. 重视学生意见反馈，注意改进教学方法		6. 重视学生意见反馈，注意改进教学方法
	7. 认真布置、检查、批改作业或报告		7. 基于平台和课程培养目标的测试、作业、报告设计合理，提交及批改评价客观有效
	8. 通过该课程的学习，我增加了对本领域的兴趣，自主学习能力得到了提高	综合指标 **	1. 对比传统课堂，通过该课程的学习，我增加了对本领域的兴趣，自主学习能力得到了提高
	9. 我对该课程内容印象深刻，收获很大		2. 我对该课程内容印象深刻，收获很大
	10. 教师能开拓我的思维，指导我们学习方法		3. 教师能开拓我的思维，鼓励创新与实践

注：各学科教师可以根据专业培养目标和课程特点设计适用的评价指标。一般情况下，"思政"应作为一条暗线融入教学内容，对学生素养的培育起到"润物细无声"的效果，故而在学生评教指标设计时尽量避免出现"思政"相关字样，以学生能直观感受并评价的指标为宜。

*：分类指标多侧重于评价课程目标中"知识"或"技能"维度的达成情况。
**：综合指标多侧重于评价课程目标中"素养"维度的达成情况。

（二）规定节点在线动态评教

基于线上课程的学生评教指标体系，在规定时间节点利用超星学习通云端平台的"问卷"功能实时获取课程建设过程中学生对不同指标重要程度的认知以及对应阶段评价的数据，如表2-2所示。其中分类指标（A1—A7）的重要程度认知及指标评价均采用5级利克特量表评价，用于提炼本阶段课程建设的主要问题和短板，找出下一阶段优化方向；综合指标（B1—B3）作为各阶段授课效果的评价指标，采用十级数字评分法，以评价对应阶段的总体效果。

表 2-2　基于在线评教体系的数据采集方案

思政融入课程的学生动态评教体系（简化）		重要程度认知（主观赋权）	指标评价	改进意见
A. 分类指标	1. 课程建设正规度	我认为该方面建设对我本门课程的学习效果（分别对应 5—1 分）："A" 非常重要；"B" 比较重要；"C" 一般；"D" 比较不重要；"E" 非常不重要	我对本课程在该方面指标的表现（分别对应 5—1 分）："A" 非常满意；"B" 比较满意；"C" 一般；"D" 比较不满意；"E" 非常不满意	分条目给出合理的意见与建议
	2. 教学方案合理度			
	3. 平台内容与资源			
	4. 课堂引导与管理			
	5. 课前课后管理			
	6. 教学改进重视度			
	7. 作业与测试			
B. 综合指标	1. 兴趣能力培养	本阶段的本课程效果：按 1～10 分打分		在思维与素养培养方面的课程整体改进意见
	2. 课程内容收获			
	3. 创新实践拓展			

（三）明确重点改进方向

考虑到课程目标达成度[①]，由于不同时间点的线上课程改进侧重点不同，仅基于均衡权重的指标打分方式对教学方案改进的针对性启示较少，相对于依赖指标评价数据差异性的客观赋权法，基于学生评教的主观赋权法在反映评价指标重要性方面更直观、有效。因此本方案采用简化德尔菲法从学生视角出发采集课程分类指标（A1—A7）的改进重要度，并经最小‐最大归一化处理后作为课程评价权重依据；然后结合分类指标评价数据计算加权失分项，根据失分项的对比获得当前课程建设亟须改进的方向，整理分类指标的意见建议与整体改进意见，为教学方案的改进提供方向和策略。

（四）改进思政教学方案并实施

基于分类指标的加权失分情况得出当前课程建设的亟须改进方向，结合学生们的分类指标及整体改进意见分析并总结阶段性教学方案改进办法，征询督导组、专业相关课程教师意见，迅速调整下一阶段改进的教学方案并更新在资源平台上。教学方案的改进包括课程平台资源的更新和线上课程组织的改进。

---

① 张晓青，王君. 大学课程目标达成度的组合评价方法研究 [J]. 现代教育管理，2019（11）：62-68.

（五）对比分析课程思政改进实施效果

根据多阶段的综合指标（B1—B3）数据获得学生对课程效果的总体评价，对教学方案的改进实践进行总结。

三、课程思政教学方案改进实践

（一）资源建设与课程组织方案分享

课程的教学平台资源建设主要包括三个方面：①课程平台主页（课程介绍、教学要求与考核方式、教学大纲与参考文献等基本内容）；②常规教学资源（包括与章节内容和学习进度匹配的文档、视频、习题与作业资源）与资源库（按资源类型整理的课程资料、试题库、试卷库等）；③考虑思政元素的教学资源（可以以理论背景、数据案例、互动或作业材料等多种形式出现）。考虑到英文授课要求，本课程平台内容和资源库采用英文搭建，常规平台整体建设如图2-2所示。

（a）课程平台主页

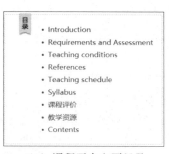

（b）课程平台主页目录

（c）章节教学资源

（d）资源库建设

图 2-2　课程平台整体建设

（资料来源：https: //mooc1-3.chaoxing.com/course/206366131.html）

新的思政元素融入课程常常需要重新设计课程方案，这需要根据课程进度安排分知识点或分课时呈现。本课程将教学知识点与思政元素融合设计课程组织方案，每个知识点包括基于思政元素的课前引导预习、思政融入的课堂设计、课后测试反馈三部分，其中思政融入的课堂设计包含依托思政资源的讨论、测试、视频重难点讲解等内容，学生可以从浏览界面了解每一知识点的课程组织方案，参照对应方案实施"课前预习—课堂参与—课后巩固"的学习流程。本课程思政元素丰富，融合课程方式灵活，其中以大学生竞赛项目作为思政融入元素的实践课程，课程简要方案如图2-3所示。

（a）基于大学生竞赛引导的预习板块

（b）基于大学生竞赛引导的课后讨论板块

（c）基于大学生竞赛引导的课内实践板块

图2-3　基于大学生竞赛开展思政融入课程的课程组织方案

（二）课程思政动态评教数据收集

参照表2-2，依托课程平台分三个评教时间点向全班同学（66人）派发课后问卷（线上），针对每一项分类指标要求同学们从"重要程度认知"和本课程"指标评价"两方面打分并提出改进意见，针对每一项综合指标要求学生给出课程效果评分和意见建议。因问卷的参与度本身隶属于课程参与度，影响到学生的课程积分，而问卷选项结果不影响课程积分，且提出合理改进意见的学生还可以获得加分，所以学生参与评教的积极性越来越高。具体三个评教时间点分别为某学期线上教学第二周、第五周、第十周，参与人数分别为40人、61人、66人，获得的分类指标评价均值数据对比如图2-4所示。

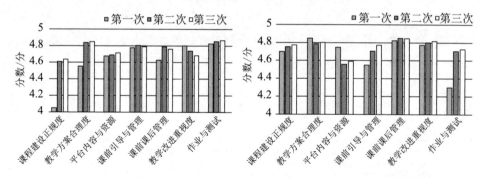

（a）三个评教点分类指标学生重要程度认知对比　　（b）三个评教点分类指标学生评价对比

图2-4　基于学生在线评教的分类指标重要度及评价均值对比

从图2-4（a）可以看出，在三个评教时间点，学生们在评教指标"重要程度认知"方面有着较大的差异。在本课程开设初期，学生们对课程建设的正规度相对不太关注，更重视作业与测试、教师的在线课堂管理与教学改进重视度等方面的表现，而随着课程的持续改进与实践，学生们重新调整了对多个指标的重视程度，整体趋向均衡。其中"作业与测试"的重要性稳定地占据线上课程所有指标的前列，"教学方案合理度"的重要性随着课程内容的推进增长显著，而"课程建设正规度"的重要性也大幅提高。说明学生们在课程的初期与中期对课程建设评价的重点方向会不断调整，这种调整：一方面，是由于学生们对课程从内容到结构的了解程度不断增加；另一方面，是课程随着思政建设短板的补足而不断优化重点改进方向。

从图2-4（b）可以看出，随着课程的推进和教学方案的不断改进，同学们对课程大部分指标的评价呈现上升趋势，特别在大家最关心的"作业与测试"方面，上升最为显著；而"教学方案合理度"与"平台内容与资源"在第二次评教时出现了打分下滑，经了解是由于学生们对课程内容的进一步了解和对课程各版块操作的熟悉，对线上课程建设的高度有了更清晰的认识，从而提出了更高的要求，是课程评价分数的客观回归。

（三）制定课程思政改进方案并实施

1. 第一阶段

本方案采用简化德尔菲法采集学生视角的教学指标重要度认知，并以归一化处理作为权重设置依据，对不同指标的失分程度进行线性加权标准化后，可以得出七个方面需要改进的相对程度比较。基于第一个评教点数据，改进方向选择的分析过程如表 2-3 所示，如果设定改进紧迫性超过 20% 的指标项是重点改进方向，则"作业与测试"与"课堂引导与管理"成为急需重点改进的方向。

表 2-3　基于思政融合效果评价的"统计学（英文）"课程改进方向选择分析表 1（$a=2$，$b=8$）

项目	分类指标 i	重要度认知 A	打分 B	重要度权重	加权失分	改进紧迫性（%）	重点改进方向选择
内容	1. 课程建设正规度	4.050	4.700	2.000	0.600	3.220	
	2. 教学方案合理度	4.550	4.850	7.161	1.074	5.764	
	3. 平台内容与资源	4.675	4.750	8.452	2.113	11.338	
	4. 课堂引导与管理	4.775	4.550	9.484	4.268	22.901	√
	5. 课前课后管理	4.625	4.825	7.935	1.389	7.452	
	6. 教学改进重视度	4.800	4.775	9.742	2.192	11.762	
	7. 作业与测试	4.825	4.300	10.000	7.000	37.563	√

注：学生评教数据获取时间：第一个评教点。

收集学生在重点改进方向项下提交的意见和建议，各取有代表性的前 5 条，如表 2-4 所示。

表 2-4　重点改进方向下学生的意见与建议表

重点改进方向	课堂引导与管理	作业与测试	其他代表性意见
意见与建议	1. 内容和资料可以全英文，课堂管理请增加中文比例，或者使用双语； 2. 最新的经济模型不好懂，请老师答疑时用中文举例解释重难点； 3. 课堂签到、测试时间请延长； 4. 上课时讨论区回复时间太长，建议将讨论内容放至课后； 5. 希望课程进度稍微快一点	1. 英文作业和讨论除了文字、图片和视频，还可以音频附件形式提交； 2. 填空题在输入时容易出错，建议减少填空题比例； 3. 课堂测试采用单选题、多选题与判断题最合适，课后作业形式可以多样一些； 4. 请在测试和作业前给出类似问题的示例作答； 5. 建议整理易错题目合集	1. 希望针对英语水平不同、基础知识水平不同的同学分别开设计教学方案； 2. 教学平台容易崩，希望后期改善； 3. 教学平台除了可直接下载的内容和资源，还可以提供相关知识链接； 4. 资料的 QQ 群备份很有用，但其浏览和做题记录与学习通平台不同步； 5. 多门课程课前预习与课后作业内容过多，平台不稳定下提交不易

从上述两个重点改进方向来看，针对思政融入教学后"课堂引导与管理"方面的改进意见主要集中在课程的思政重点讲述节奏控制与平台限制下流程优化两方面；针对"作业与测试"方面的主要意见集中在英文主客观问题的类型、答案提交的便利性及评分的合理性等方面。经总结，第一阶段对应的课程方案改进计划包括三方面。

（1）由于是思政元素融入的英文课程，课堂的引导与管理尤其要关注学生自学基础上的重难点剖析、答疑效果以及各种测评活动的实施效率。在引入最新经济模型作为思政元素后，为了保证教学效果，需要适当增加中文比例，既要辅助课堂管理，又要提高重难点剖析和答疑效率。与此同时，为了保证对英文专业水平的要求，除了平台多媒体材料依然以英文为主外，课后作业亦要求同学们提交音频或视频形式的英文问题分析和讨论。

（2）由于线上教学平台可能遇到网络拥堵问题，很多平台由于在线用户激增出现了部分服务受限的问题，为了保证课程的顺利进行，课堂管理需要考虑到平台功能的可实现性，特别是在课程开设初期。因此调整在线课程管理方案，启用应急调整，将课程资源备份到多个平台，将"签到""测试"等活动预置时间延长，将实时讨论模块改为课后讨论模块，并紧密跟踪平台反馈，适时调整在线课程管理方案。

（3）作业与测试中的主观问题中，涉及以文字或图片形式提交答案的部分可以继续保持，口语作业需要进一步优化。考虑到"技能"与"素养"培养目标，本课程口语交流性作业占有一定比例，口语小作业拟调整成以音频形式提交，大作业调整成基于幻灯片展示的视频讲解形式提交，注意掌握平台的各项功能，依据作业的性质要求学生在规定时间内提交到班级公共平台或教师信箱等。作业与测试中的客观问题参照教师实际体验、学生的意见和建议调整相应题型比例，增加题目解答示例，重新整理课程题库与试卷库。

另外，整合学生的其他代表性意见，从整个课程优化的目标出发，教学方案的整体性改进还必须考虑两方面的要求：①由于课程可以依托不同的教学平台实现，必须考虑到平台流畅度等因素，设计、调整、优化多种教学方案并注意后期数据的汇总整合。②教学方案的改进要兼顾不同英语水平、不同专业知识水平学生的学习要求，融入新思政元素的分阶段教学方案的设计应更为灵活。

2. 第二阶段

在第二个评教点，课程持续时间已达5周，其中第3~5周课程是改进了教学方案后的教学实践。参考前一周期的评价流程，根据获取的数据找到本阶段重点改进方向为"平台内容与资源"模块，改进紧迫度与第一阶段的两个分类方向相比也大幅下降了，如表2-5所示。

表2-5 基于思政融合效果评价的"统计学（英文）"课程改进方向选择分析表2

项目	分类指标 i	重要度认知 A	打分 B	重要度权重	加权失分	改进紧迫性（%）	重点改进方向选择
内容	1. 课程建设正规度	4.607	4.754	7.745	1.905	10.220	
	2. 教学方案合理度	4.836	4.787	10.114	2.155	11.567	
	3. 平台内容与资源	4.689	4.557	8.591	3.803	20.406	√
	4. 课堂引导与管理	4.803	4.705	9.776	2.885	15.479	
	5. 课前课后管理	4.787	4.852	9.607	1.417	7.606	
	6. 教学改进重视度	4.738	4.803	9.099	1.790	9.605	
	7. 作业与测试	4.852	4.705	10.283	3.034	16.283	

注：学生评教数据获取时间：第二个评教点。

结合图2-4（b）与表2-5的数据，我们发现在第一阶段的教学方案改进努力下，学生在第二次评教时对本课程多方面的满意度大大提高，特别是在第一阶段的两个重点改进方向上，学生普遍对课堂的节奏和作业测试的灵活性给予了好评[①]。由于第二阶段学生的关注点回归到课程内容与本身，提出的主要改进意见从第一阶段的以技术性问题为主转化为以课程整体平台资源的更新和课程组织的改进为主。学生们在重点改进方向项下提交的以及其他有代表性的意见和建议包括"基于××调研的中心极限定理重难点讲解内容非常好，对其他课程的学习也很有用，希望老师尽快把后续章节乃至全课程视频补充完整""××模型相关知识点对应的中文配套材料比较精简和晦涩"等。经总结，第二阶段对应的课程改进方案包括以下两个方面。

（1）完善课程平台资源的系统性和完整性。自学能力比较强的学生，在线上学习时比较关注课程内容的系统性和完整性，而教师团队在线上课程初期建设时，往往会按课程进度同期或提前若干期上传讲解视频和其他课程资源，如提前预录本课程第4~6周的课程视频。结合学生的意见，在时间允许的情况下，第二阶段课程平台的视频录制可以对后续各个章节的大主题同时展开预录，并推荐相关中英文自学资源，从而保证学生对课程内容整体的系统性理解。

（2）中英文知识点的匹配与解析需要结合案例展开。以本课程为例，先修课程包括高等数学、概率论与数理统计等，相比基础模型，使用数学方法分析

---

① 课程评价详见课程门户主页。

经济管理模型，在难度上有了一定程度的增加，并且在融入思政元素后没有统一匹配的中文辅导书目，平台上的材料往往是对应各知识点的分散的文献、案例、试题，中英文材料并不能保证一一对应。因此在对关键知识点用英文视频解析的同时，至少应该以文档的形式附上相同案例的中文分析过程，以帮助学生加深对该知识点的理解。

3. 第三阶段

在第三个评教点，课程持续时间已达到10周，对照前期数据，我们发现本周期线上课程的评价相比第二个评教点又进一步上升，且学生对课程建设各方面重要度的认知更为均衡（图2-4）。如果依然设定改进紧迫性超过20%的指标项是重点改进方向，则本阶段没有亟须重点改进的方向；如果选择改进紧迫性较高的指标项为潜在改进方向，则"平台内容与资源"和"作业与测试"等方面是学生相对比较关心的课程改进方向，如表2-6所示。

表2-6 基于思政融合效果评价的"统计学（英文）"课程改进方向选择分析表3

项目	分类指标 i	重要度认知 A	打分 B	重要度权重	加权失分	改进紧迫性（%）	重点改进方向选择
内容	1. 课程建设正规度	4.636	4.773	8.053	1.830	9.821	
	2. 教学方案合理度	4.848	4.803	10.242	2.017	10.826	
	3. 平台内容与资源	4.712	4.591	8.835	3.614	19.394	
	4. 课堂引导与管理	4.788	4.773	9.617	2.186	11.728	
	5. 课前课后管理	4.758	4.848	9.304	1.410	7.565	
	6. 教学改进重视度	4.682	4.818	8.522	1.549	8.315	
	7. 作业与测试	4.864	4.727	10.399	2.836	15.219	

注：学生评教数据获取时间：第三个评教点。

学生在本阶段的意见除了延续第二阶段的"平台内容与资源"的完善外，还表达了希望将课程改进的经验分享给其他课程的愿望，另外希望延长评教点的时间间隔。经总结，第三阶段对应的课程建设重点为：

（1）参照第二阶段的课程平台资源改进方案继续推进；

（2）总结课程建设初期的英文线上课程建设及改进实践，并通过多种方式实现校内、校外多渠道分享。

（四）对比分析课程思政教学方案改进实施效果

三个评教时间点获得的综合指标评价均值数据如图2-5所示。由此看出，对于思政融入的混合式课程教学，学生从最开始就直观感受到了由课程模式转变带来的创新实践及拓展激励并给予了积极评价。在本课程第一阶段的教学方案改进实践以后，积极灵活的教学方案大大降低了部分平台或终端技术问题的困扰，大家的关注点更多地回到了课程内容和能力培养上，课程内容的吸收效率大大提高并保持了后续稳定增长，学生对本课程的兴趣也迅速增加，自学能力也得到了大幅提升。

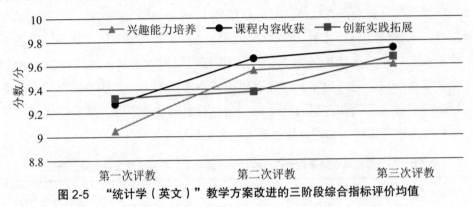

图 2-5 "统计学（英文）"教学方案改进的三阶段综合指标评价均值

四、结论

本章以南信大融入思政元素的工具方法类课程——"统计学（英文）"为例，分享了课程在采用混合式授课模式后的思政融入教学方案改进实践，该课程实践不但突破了突发事件影响下空间位置的限制，还基于互联网环境下成长起来的"数字化"教学对象的学习特征，挖掘了"互联网+教学"优势，在注重思政"素养"目标完成的同时，也保证了"知识"和"技能"目标的实现，并在三者间实现了良性互动促进。

考虑到思政融入课程在教学目标、教学条件、学生基础与专业知识体系及语言能力培养等多方面的复杂性，授课对象基于课程分类指标和综合指标的评价不但帮助我们梳理了下一阶段教学方案改进的方向，也有效记录了不同阶段教学方案下的课程建设和学生学习效果。围绕学生的学习特点、平台功能设计，及时改进教学活动，实现了师生"无界限"互动交流，实现了以学生为中心的教育教学模式改革，激发了学生的学习积极性和主动性，培养学生提出问题、分析问题和解决问题的能力，让学生成为学习的主体。

第三章　基于应用拓展的思政融合重点思辨

　　针对不同的经管类课程，思政融合的重点不同，各学科各课程组应根据课程特点有针对性地科学展开课程思政的实践。以基于信息检索的应用基础类课程为例，作为一门综合性信息素养培育课程，"信息检索"课程与思想政治教育具有天然的契合性。网络技术高速发展所带来的"信息陷阱""信息孤岛"、信息真伪难辨等问题，对"信息检索"课程有关学生的信息能力培育和信息道德素养培养提出了新的要求。将思政元素融入"信息检索"课程，从思想、技能两个层面帮助学生明辨信息检索中的"是"与"非"问题，是对"信息检索"课程思政教学改革的有益探索。

　　典型应用课程： 信息检索

　　课程类型： 应用基础类

　　课程特点： 案例教学、互动教学

　　2016 年 12 月，习近平总书记在全国高校思想政治工作会议上指出："要坚持把立德树人作为中心环节，把思想政治工作贯穿教育教学全过程，实现全程育人、全方位育人。"[1] 课程思政是高校加强人才培养与思政教育的新举措和新方向[2]，也是高校课程建设与课程改革的重要任务。作为培养大学生信息素养的一种重要途径，"信息检索"课程在增强信息意识、提升信息能力、培养信息道德等方面发挥着重要作用[3]。从课程的能力目标来看，"信息检索"课程是思政教育的一个合适载体，加强思政元素的融入，有助于进一步强化信息道德建设，提升学生科学素养。

---

[1] 习近平. 把思想政治工作贯穿教育教学全过程开创我国高等教育事业发展新局面[EB/OL].（2016-12-09）[2021-07-06]. http://cpc.people.com.cn/n1/2016/1209/c64094-28936173.html.
[2] 许飞，董绍辉，王丹石. 课程思政视域下加强高校教师党支部建设研究[J]. 北京邮电大学学报（社会科学版），2021（3）：109-114.
[3] 励燕飞. "课程思政"在信息检索课教学实践中的探索[J]. 科教导刊，2021（3）：132-133，152.

一、"信息检索"课程思政研究现状

近年来,已有学者对"信息检索"课程教学实践中的课程思政展开了有益探索。如励燕飞[①]在阐述"信息检索"课程开展思政教育必要性的基础上,提出通过课程结构调整、典型案例引导、教学方法创新等途径将信息意识、信息道德、爱国主义精神、创新与实务精神、优秀传统文化五个教育层面的思政元素融入"信息检索"课程。张杰等人[②]结合化学制药领域的特性,从培养专业自信、增强社会责任感、激发爱国情怀与民族自豪感、培养顽强拼搏精神等多方面探讨"化学制药信息检索"课程的思政教育方向。尹桂平等人[③]则从具体授课实践出发阐明如何通过案例教学方式将红色教育思政元素融入"信息检索"课程中以增强学生的爱国、强国、报国之情。

已有研究所提炼的思政元素及其融入课程方式为"信息检索"课程教学改革探索提供了有益的支持,但相关研究尚处在起步阶段,未充分考虑思政元素与"信息检索"课程能力目标的有效融合。本书在已有研究的基础上,结合笔者的"信息检索"课程教学经验,从思政元素与"信息检索"课程能力目标融合视角出发,探讨"信息检索"课程的思政之路。

二、"信息检索"课程能力目标与思政方向的融合

搜索引擎技术的高速发展及社交媒体的广泛应用,极大地提升了大学生的信息获取能力,使其拥有更多的信息获取途径,能快速获取大量的信息,然而,大学生的信息甄别能力及信息利用能力却参差不齐。如何提升大学生的信息甄别能力,使其有效获取与利用高质量信息已然成为当前"信息检索"课程改革过程中亟须解决的重要问题之一。信息甄别能力、信息利用能力的培养目标契合哲学思辨和科学思维,以思政内容设计检索任务,将思辨融于信息检索全过程,在引导学生明辨信息检索中的"是"与"非"问题的同时,潜移默化地提升学生的信息利用能力,实现思政教育。

---

① 励燕飞."课程思政"在信息检索课教学实践中的探索[J].科教导刊,2021(3):132-133,152.
② 张杰,周淑晶,李进京.化学制药信息检索课程中思政元素的探索[J].化工时刊,2020,34(5):54-56.
③ 尹桂平,郭秀梅,黄磊.红色教育渗入"信息检索"课堂的探索[J].吉林医药学院学报,2020,41(2):155-156.

三、"信息检索"课程思政策略

"信息检索"课程主要教学内容包括信息检索基本知识、生活学习信息资源检索、学术文献检索及特种文献检索四大块知识点。本文将以思辨为引,利用线上教学平台,融合案例教学、问题研讨等多种教学方法,在挖掘这四个知识点的思政元素基础上,分别探讨这四个知识点的思政教学方案。

(一)哲学思辨与信息检索基本知识

学习信息检索基本知识的主要任务是植入哲学思辨,使学生掌握信息检索知识,具备以科学思辨视角看待检索资源及检索结果的意识及能力。采用线上碎片化知识点的自主学习及线下问题研讨式的课堂教学相结合的教学方式。将检索基本原理、检索语言、检索模型、检索方法与途径、检索渠道及资源等基本知识,分割成10~15分钟短视频并配以线上同步测试,以便学生根据自身学习能力,充分利用碎片化时间自主学习知识点。与此同时,在线下课堂中,以热点事件、典型事件设计检索点,围绕不同检索途径、检索渠道及资源等的效用、价值及优劣势展开辩论式研讨,尤其是广泛应用的搜索引擎及不断推陈出新的社交媒体(如知乎、微博、微信等)在信息提供上的易用性、准确性、权威性等,引导学生展开辩证性思考,多方面甄别信息的真伪,提升学生的专业自信。

(二)社会舆论与生活学习信息资源检索

学习生活学习信息资源检索的主要任务是提升学生有效获取信息及辨别信息真伪的能力,增强学生信息安全意识及社会责任感、激发爱国情怀与民族自豪感。采用小组协作式教学及翻转课堂法相融合的教学方式。以任务为导向,使学生分组分别完成医疗健康、休闲娱乐、求职招聘、餐饮美食、公开课资源、免费图书资料等领域的信息资源的收集与整理;引导学生在任务完成过程中,考虑与研讨信息源的权威、健康及合法性,获取信息过程的合理合法性以及信息利用过程的信息安全问题;教师则在学生交流、研讨过程中加以指导,引导学生增强信息安全意识、自觉抵制虚假信息。在此基础上,以"毒奶粉"、网络暴力、"人肉搜索"等典型事件为检索点设计信息检索案例,通过翻转课堂形式,引导学生辨别真假信息、明确社会舆论与谣言的区别、自觉传播正能量,增强学生的社会责任感；进而以BBC对新疆的不实报道等检索点设计信息检索案例，通过国内外信息资源对比，引导学生认识西方自由主义的弊端，激发爱国情怀与民族自豪感。

（三）学术不端与学术文献检索

学习学术文献检索的主要任务是使学生掌握文献检索技巧知识，培养学生严谨的科学态度及实事求是的研究作风。采用案例教学与小组协作式教学相结合的教学方式。以学术不端事件为检索点设计信息检索案例，以案例引导学生了解学术不端常见行为及后果，强调学术诚信的必要性及重要性。以课程论文撰写为目标，使学生以小组协作形式按照科学选题、文献检索、文献阅读、文献综述、学术论文写作的科研流程逐步完成综合性文献检索任务，并在此过程中指导学生有效利用国内外学术资源完成科研过程，培养学生严谨客观的科学态度及研究作风。

（四）虚假营销与特种文献检索

学习特种文献检索的主要任务是提升学生对标准文献、专利文献等特种文献的利用能力，培养学生一丝不苟的探究精神。采用案例教学与问题研讨式教学相融合的教学方式。以虚假营销为检索点设计信息检索案例，以案例引导学生了解虚假营销的常见情形、后果及应对措施。围绕如何通过信息检索应对虚假营销的"信息陷阱"，尤其是产品商标、标准及专利欺诈问题，展开辩论式研讨，并在此过程中指导学生充分认识标准、专利等特种文献的作用及价值，引导学生充分利用标准、专利等特种文献检索，多方位甄别营销信息的真伪，培养学生实事求是的探究精神。

四、结论

作为一门综合性信息素养培育课程，"信息检索"课程与思想政治教育具有天然的契合性。将思政元素融入"信息检索"课程，从思想、技能两个层面帮助学生明辨信息检索中的"是"与"非"问题，是对"信息检索"课程思政教学改革的有益探索。

第四章　基于交叉学科的思政融合拓展实践

交叉学科是指不同学科之间相互交叉、融合、渗透而出现的新兴学科，可以是自然科学与人文社会科学之间的交叉，也可以是技术科学和人文社会科学之间的交叉而形成的新兴学科。考虑到经管学科的特点，极易与自然科学或技术科学交叉形成特色交叉学科，这不但体现了科学向综合性发展的趋势，而且往往会推动国计民生中的重大社会问题的解决，非常适合开展课程思政建设。

本章结合南信大自身办学特色、专业特点，结合管理工程学院学生的学习与思想现状，将课程思政的理念融合到"公共气象服务"课程教学中。重点介绍课程思政建设思路，挖掘教学内容中的思政元素，并提出一些观点，旨在为今后专业课中开展课程思政提供一定的借鉴、指导和参考。

典型应用课程：公共气象服务

课程类型：交叉学科类

课程特点：案例教学、互动教学

习近平总书记在全国高校思想政治工作会议上指出："思想政治理论课要坚持在改进中加强……其他各门课都要守好一段渠、种好责任田，使各类课程与思想政治理论课同向同行，形成协同效应。"[1]2020年5月，教育部印发的《高等学校课程思政建设指导纲要》中也强调，要加强课程思政建设的要求。如何实施课程思政是当前高等教育界的热点问题。为了深入执行贯彻以上精神，南信大管理工程学院近几年来不断将课程思政的要求与理念融入"公共气象服务"课程教学中，并且也取得了一定成效。本章围绕课程思政的建设思路，深入挖

---

[1] 习近平. 习近平谈全国高校思想政治工作要点 [EB/OL]. （2016-12-09）[2021-02-01]. http://news.cctv.com/2016/12/09/ARTIpLqQSZCLXX17PuXFYw3J161209.shtml.

掘思政元素，并对课程建设的思考等方面进行分析和探索，把科学精神、时代责任、文化自信等思想政治元素融合到课程专业知识中，旨在培养从事公共气象服务、应急管理以及其他公共服务等工作的高级复合、创新型人才。通过课程思政的融合，可以从专业技能培养和立德树人两方面达到教学相长的目的，也为管理工程学院其他专业课程的课程思政建设提供一定的借鉴、指导和参考。

一、课程介绍

"公共气象服务"是一门具有气象特色的全日制经济管理类本科生的专业选修课程，也是南信大课程思政示范建设特色课程之一，主要介绍气象部门如何为政府、相关部门以及公众提供气象方面的服务。该课程主要包含三部分：第一部分是公共气象服务的概念，公共气象服务的服务主体、对象与环境；第二部分包括三方面内容，分别是公共、决策和专业气象服务，这也是该课程的核心，主要介绍不同类型气象服务的需求特征、信息来源、加工处理方式、供给渠道等；第三部分主要介绍时代发展对气象服务产生的影响，具体包括应对气候变化的气象信息需求，通过气象服务效益评估提高产品质量，以及气象服务能力提升等。

本课程的学习，可以使学生能够较全面地了解公共气象服务的相关理论，气象服务的客户需求、产品的加工制作、应用过程，信息产品生产过程中遇到的问题及解决办法，可为学生将来从事公共气象服务、应急管理、大数据分析，以及其他公共服务等工作提供理论支持。

二、课程思政设计思路

当前，课程思政成为高校思想政治工作的热点，将课程思政的理念融合到"公共气象服务"课程教学中，更能实现价值聚焦，使教师明确课程思政的必要性。"公共气象服务"课程是经济管理类本科生的专业选修课程之一，主要框架包含公共、决策以及专业气象服务，此外还包括防灾减灾、气象气候资源信息的利用等。该课程以大气科学和管理学知识为基础，是一门涉及气象学、经济学、灾害学、管理学等多学科的综合课程，知识涉猎内容多、涵盖面广，因此可以获得较为丰富的思政元素。通过挖掘专业课程的原理等，施教于学生,让学生在掌握专业课程基础上,触类旁通展开思考,接受思政教育,通过课程学习和训练达到全面提高自身素质修养的目的。此外还可以根据教学内容采用现代化教学手段,提高育人水平,在潜移默化中培育社会主义核心价值观。

制约"公共气象服务"课程专业目标和思政目标的外在因素包括:①要坚守课程定位,专业知识与思政教育融合时要体现二者是一个有机的整体,而不是为了课程思政化而进行简单的生搬硬套,要在保持专业课程性质不变的基础上润物细无声地将思想教育融入课程中去;②要提升教师素养,教师是推进课程思政实施的关键力量,其专业素养也在一定程度上制约着课程思政教育发挥的有效性[①],要坚持教书和育人相统一的观念;③完善制度保障也是重要的外在因素之一,只有在制度的保驾护航下,才能将课程思政真正落到实处。这三个方面共同实现"公共气象服务"课程的专业目标和思政目标,如图 4-1 所示。

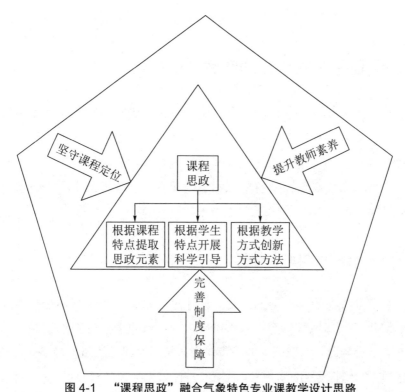

图 4-1 "课程思政"融合气象特色专业课教学设计思路

---

① 杨卫君,苏丽丽,李大平."农业气象学"课程思政教学探索 [J]. 教育现代化,2019,6(80):280-281.

课程专业目标：使学生掌握公共气象服务的相关概念、基本原理和基本分析方法，理解公共气象产品制作过程和服务流程；培养学生运用公共气象服务的知识与思维方法去服务社会的能力，提升学生对公共气象服务理念的理解和应用的综合素质；掌握决策气象服务的相关概念、基本原理、服务内容和服务方法；理解决策气象产品制作方式、流程和特点；培养学生运用灾害应对的理论和方法的能力，在灾害发生时进行自救和他救；拓展学生在开发和应用应急决策气象服务系统方面的知识面。

课程思政目标：帮助学生正确认识公共气象服务的重要意义，坚定为国家和社会服务的决心和信心；引导学生从理解公共气象服务的理论过程中逐步养成低碳生活、爱护环境、勤俭节约的习惯，理解如何实现"以人为本"的治理理念。通过了解我国灾害应对历史，增强学生的文化自信；通过熟悉灾害应对过程，增强学生的制度自信；通过相关法律法规介绍，增强学生的道路自信；通过决策气象服务制作过程的学习，增强学生的理论自信。

三、课程专业教学与思政教育的融合

根据教学内容和教学主体的特点，课堂上运用案例分析法、情景分析法、小组讨论法、头脑风暴法、系统分析法等教学方法，提升学生的主体性，激发其积极性和主动性。在引导中进行课程思政教育，实现价值导向与知识技能培育的统一，并融合具有气象特色的课程思政元素，实现专业课程与思政教育有机融合的目标。

（一）构建"大思政"格局

在介绍公共气象服务内涵的过程中，通过对与公共气象密切相关的人口健康、产业优化以及环境保护等现状的讲解，说明气象服务行业的发展也同样需要以国家需求为导向，实现国家的稳步发展。从国家战略的角度构建"大思政"的空间格局，将国家发展战略规划、高精尖科技成果与公共气象服务内涵相结合，鼓励学生关注国家发展和科技进步，引导学生认识和感受公共气象服务行业宽广的应用领域，进而产生强烈的专业自信心和自豪感。

还可以结合气象服务于生活与生产的特点，学习相关政策，帮助学生正确剖析认识其所学专业的社会地位，帮助学生树立专业自信。可以根据学生的专业特点，结合目前信息化、大数据化等相关的热点问题，与学生共同探讨分析未来就业方向，加强大学生的专业信心和大局意识等。

（二）发掘历史教育资源

发掘运用专业历史教育资源来引导和教育学生，是课程思政的有效元素之一。古时候就已经记载了当时人们对气象的研究，编制了二十四节气。而且我们的祖先还十分注重对各种天气现象的观测，比如云、温度、湿度以及降水等，还根据需求发明设计了相应的观测仪器，我国还是世界上最早发明测湿仪器的国家[①]。古代历史战争故事中也蕴含着丰富的专业气象知识，比如《三国志》中赤壁之战的借东风故事，从长江江面上的东风到后来败走华容道的倾盆大雨，都属于锋面气旋天气，而通晓气象信息的诸葛孔明，自小就住在赤壁旁的南阳，比较了解当地的天气状况，可以比较准确地预测当时的大风和暴雨天气。由此可见，赤壁之战的成功是需要对气象信息有足够的了解并能够进行准确的推测。通过一系列的历史学习不仅可以激发学生的专业学习兴趣，还可以增强学生的民族自豪感。

（三）找寻技术发展成果

在讲授气象类的服务产品时，通过介绍我国气象卫星和雷达类产品的发展历史和现状、与世界其他国家的比较，以及在现代公共气象服务中的广泛应用等内容，让学生深切感受到祖国在通信和计算机等智能领域的飞跃进步和国家实力的日益强盛，从而激发学生的民族自豪感和民族自信心。如中国气象局数值预报中心经过多年努力，终于研制出自主知识产权的数值预报产品，被世界气象组织评为"世界气象中心"。

（四）关注生态环境变化

习近平总书记在党的二十大报告中指出："必须牢固树立和践行绿水青山

---

① 汪永英，赵戈榕，孟琳，等. 从课堂教学渠道融入"课程思政"教育理念：以通识课"气象与生活"为例 [J]. 广东化工，2020，47（1）：145-146.

就是金山银山的理念，站在人与自然和谐共生的高度谋划发展。"因此在介绍气候变化类公共气象服务产品时，融入气候变化、节能减排和清洁能源的相关知识，通过对"全国节能减排三十六计""气候变化和资源短缺对人类健康的危害"等案例的介绍，不仅使得原本枯燥的理论知识更具有吸引力，而且可以培养学生低碳生活、保护环境、勤俭节约的理念。

在介绍农业气象服务产品时，除了介绍各类农业气象服务类别，还通过与学生讨论"气象服务与农业发展的关系"问题，培养学生坚持理论与实际、历史与现实、价值判断与事实判断相结合，积极关注当前生态文明建设与生态环境治理、粮食生产安全与耕地保护、绿色发展与农业科技融合等领域的理论和现实问题，将马克思主义哲学、社会主义核心价值观等理论与课程内容相结合，引导学生深入思考人与自然的关系这一永恒主题，激发学生树立促进人类文明发展进步的坚定信念，在学习中求真知、明真理、做真人。

（五）提倡科学家精神

在讲授我国气象科学发展历史的时候，介绍老一辈科学家竺可桢、涂长望、叶笃正等人的事迹，让学生们感受到老一辈科学家的爱国精神、科学精神、奋斗精神。我国科学技术取得一次又一次的突破，是不同时代的科学家不断探索、努力奋斗的结果。聆听科学家的奋斗故事可以潜移默化地使学生意识到在探索世界、追求真理的过程中都要付出巨大的努力。比如，教师通过讲述气象大师竺可桢一生为气象事业奉献的传奇经历，引导学生感受老一辈科学家赤诚无私的家国情怀、潜心求索的学术风范和宽广大气的心胸格局，争做有情怀、有理想、有担当、有作为的国家人才，帮助学生树立正确的人生观和价值观。

（六）关注灾害应对建设

引导学生理解气象灾害的复杂性，理解我国为什么采取"以人为本"的灾害应对机制，政府部门如何"上下联动"保障人民的生命安全，气象部门如何快速组织、制作应急信息；引导学生了解灾害应对的复杂性，理解政府部门"以人为本"的灾害治理理念。课堂上，先进行案例的背景介绍，引导学生思考在灾害来临的时候，每一个公民、政府相关机构应该如何应对灾害？由于学生对该领域并不十分了解，他们想的策略比实际的灾害应对策略肤浅得多。通过这种引导，增加学生对祖国、政府、制度的信任。接着详细介绍气象部门和政府的应急工作，鼓励学生换位思考，自己是否能够做得如此好？如果不能，应该提升哪些专业素质，才能够胜任气象机构或者其他政府机构的工作？培养学生勇于创新的精神，提升学生的法律意识、标准意识，提升学生的职业资格和职业能力。树立学生努力求学的理念，培养社会主义合格的接班人。

（七）弘扬优秀传统文化

民风民俗以及古典诗词中都蕴含着大量的气象信息，借此可以弘扬中华民族五千年的优秀传统文化。在介绍公共气象服务的教学过程中，可以引入二十四节气等民俗以及气象诗词，可以增强学生对气象知识的兴趣。从这些诗词当中，学生既可以感受到相关的气象专业知识，又能够接受文化思想情感等方面的教育。培育学生对中国传统文化的自信，对传统文化中的学术资源的自信，对中国现代和未来科学发展的自信[1]。例如，有"诗豪"之称的唐朝著名诗人刘禹锡在《竹枝词》中提到"东边日出西边雨，道是无晴却有晴"，借天气现象表达了自己的情愫，其中蕴含的气象信息表明可能存在两种情况：第一种情况是雷雨天气，也就是强对流天气所造成的，导致在同一地区阴晴云雨反复变化的天气现象，从中感受到对流雨降水强度大、涉及范围小、历时较短的特征；另一种情况是梅雨天气，每年到了六七月份，冷暖气团就会不断拉锯，便形成了江淮准静止锋，也就是梅雨天气，受其影响也会出现"东边日出西边雨"的奇妙现象。传承优秀的传统文化，需要教师在备课中不断去积累和学习，还要将其中的寓意巧妙地融合到课堂教学中去，借此提高学习效果，也达到思政融入课程的效果。

通过以上在课程教学过程对思政元素的融合，充分体现了公共气象服务这门课程的特色，同时也具有极大的社会意义。气象服务行业是国民生产生活重要的一部分，建设好现代化气象服务行业，为国家生产、国民生活提供高质量气象服务产品是提升国民生活质量的重要一步。对公共气象服务理论多一分了解，学生在将来从事相关行业的工作时，可以更好地树立积极奉献社会的人生观、价值观和世界观。

---

[1] 曹宁，范伶俐，薛宇峰. 发掘传统文化中农业气象学术资源培育大学生文化自信[J]. 安徽农学通报，2021，27（7）：155-158.

四、对"公共气象服务"课程思政建设的思考

（一）根据课程特点展开科学引导

启发学生将科学思维运用到生活中。公共气象服务属于交叉学科，是在实验探究基础上的人文科学，因此既可以培养学生的科学思维，又可以让学生将科学的思维应用于解决人文社会问题。课程思政就可以从这个角度出发，启发学生将科学思维运用到生活中。

很多影片也涉及气象相关知识，不仅可以引导学生自主学习相关的专业知识，还可以传达爱国主义情怀。影片的视觉冲击可以使思政的内容在学生心中留下更为深刻的体会，也使爱国主义精神传达得更为生动。例如，有很多知名演员出演的电影《攀登者》中就包含了很多气象常识，攀登高山的过程中气温会随高度的变化而变化，地势每升高 1 km，气温就会下降 6.5℃。不仅如此，该影片还蕴含了中华民族特有的攀登者精神，不是凸显个人英雄主义，而是弘扬了中华民族勇于挑战极限、勇攀高峰的民族自豪感以及深深的爱国情怀。通过实际案例的宣传片观看以及讲解不仅可以提高学生的听课兴趣，加强对气象专业知识的理解，还会将爱国主义情怀自然地融合在课程中，最终实现科学引导的效果。

（二）根据教学内容创新方式方法

"公共气象服务"课程中很多相关知识点与我们日常生活密切相关，教师应通过多种教学方法启发学生参与和自主探索，如知识点讲授法、案例分析法、课堂讨论法、思维引导法等多样的教学方法。在引导中进行课程思政教育，实现价值导向与知识技能培育的统一。例如，向学生介绍决策气象服务的产品制作特点、要求时，很多时候学生无法深入思考，而是借助电子设备获得答案。由此引发的问题是，学生没有深入思考，只知道问题的答案，却不知道为什么会有这样的答案，我们国家为什么会进行这样的制度安排。采用案例分析的方式，能够使学生产生共情，使他们能够理解制度安排背后的原因。此外，案例分析突出地体现了我国的制度优势、政府职员的敬业精神，这在学生的成长过程中，将起到非常重要的作用。再如，从简单介绍寒潮的形成原理出发，到导出公共

气象服务应提供的产品内容,然后再以"寒潮防御指南"为例,分别从个人和农业角度介绍该类非结构性文字信息产品,使学生更容易掌握专业知识,同时还可以得到思政元素"润物细无声"的浸润,不仅可以加强对本专业的认识程度,还可以树立正确的职业价值观。实践表明,长篇大论的说教并不受学生的欢迎,而引导式的、开放式的问题更容易获得学生的共鸣。

(三)根据市场需求实现协同培养

"公共气象服务"课程是涉及众多学科交叉的综合课程。该课程的教学,能够使学生的专业素养得到有效提升。但是在以往的相关专业教学中,对思想政治的教育则比较薄弱,即使设置了思政元素,也是将两者孤立进行,这就产生了学生的专业素养和职业道德观、价值观脱离的现象。现阶段由于社会主义市场经济的迅速发展,对专业人才的要求不断增加,对于专业素养和职业道德兼备的优秀管理人才的市场需求度将会更高[①]。因此,将思政元素有机地融合整个专业课教学过程中,根据市场需求实现协同培养,是符合目前市场规律的。

(四)根据思政特点提高教师能力

现代高校教师不能仅把传授知识作为主要任务,而应成为学生学习的引导者和合作者,体现育人功能和育人责任。在课程思政素材处理的过程中,要深入研究专业课程内容,通过激发及引导,使学生在无形中接受思政教育并产生思想的共鸣。因此,需要不断提高教师自身的师德修养和专业水准,同时还需要通过"公共气象服务"课程组所有教师的集体努力,在把握学科前沿动态的同时,不断深入挖掘课程思政素材,有意识地将思政元素有机地融入专业课程内容的教学当中,并贯穿始终,才能实现多重功能的培养目标。此外,还需要凸显授课的艺术性,避免生搬硬套,真正将知识传授和思政教育有机融合。

五、结语

当前,众多非思政类课程任课教师对协同开展思政教育的了解不多,缺少

---

① 肖海,张雨秋,黄建文.工程项目管理课程思政教学探索与思考[J].新一代(理论版),2020(1):186-187.

方法和相关经验总结[①]。本章提供了一些建设思路，通过挖掘教学内容中的思政元素，将"公共气象服务"教学过程融入课程思政，并提出了一些观点，既可以发挥该课程的专业特色，又可以体现出教书育人的责任。

"公共气象服务"作为具有气象特色的经济管理类本科生的专业选修课程，已经开设多年，课程组教师一直致力于建设好这门课程。在此过程中，使用了多种方式和方法，对课程思政进行了很多的分析与探索，旨在将"公共气象服务"相关的专业知识与思政元素有机地融合起来，促进学生在学习本专业课程知识的基础上，逐渐成为具有社会主义核心价值观的有为青年，实现专业知识与思政素养的协同培养目标，输送出专业能力强、符合时代需求的优秀管理人才。

[①] 韩宪洲．以"课程思政"推进中国特色社会主义一流大学建设 [J]．中国高等教育，2018（23）：4-6；高燕．课程思政建设的关键问题与解决路径 [J]．中国高等教育，2017（15/16）：11-14．

第二篇　教学案例篇

本篇将分享经管学科多项思政融合实践案例，课程种类包含上述学科理论基础类、工具方法类、计算机应用基础类和跨学科类等多类别核心课程，案例与"教学成果篇"中的思政融入模式、路径和策略相对应。

本篇教学案例皆配合最新的教学手段与教学方法，授课模式包含"线上""线下"与"混合式"，授课语言包含"中文"与"中英双语"，能够有效激发师生互动创新意识并循环反馈。希望本书读者能够充分发挥思政案例的灵活示范作用，贯彻"学为中心"的思政教学观。

第五章 "管理学"课程思政典型案例

【课程基本情况】

在各学科课程思政建设的过程中,学科课程组不但应该为教师提供参与各类教学改革活动和教研学术交流活动的机会,使教师学习先进的教育教学经验,还应该利用和创造各种条件,提高教师理论结合实践的能力和发现鲜活案例的能力,注重教师整体素养的快速提升。

"管理学"以课程组为基础,课程思政教案的改进与优化按照"团队基于主线-个人特色拓展"的特点实行动态优化调整模式,即课程组在每学期开始前向所有教师共享在上学期课程实践基础上改进的整体教案,然后鼓励每位教师在课程进行时发挥主观能动性,在围绕主线的基础上积极拓展新的教学方式和方法。

管理学是研究人类管理活动一般规律的科学。该门课程是南信大管理工程学院信息系统与信息管理、物流管理、金融工程、经济统计等各个专业的学科基础课,也是各个专业的主干课程之一。"管理学"目前设置了两种学时模式,一种是48学时,另一种是32学时,面向管理工程学院各专业文理混班的学生和长望学院各专业理科学生。

该课程的教学内容体系基于"一条主线、两大基础、五大能力",以"帮助学生树立正确的世界观、人生观、价值观,培育工匠精神和职业道德"这一意识形态为"一条主线",以培养管理思维基础知识和综合管理基础技能为"两大基础",旨在培养的"五大能力"是指决策与计划能力、组织与人力资源管理能力、领导与沟通能力、控制与信息处理能力、创新能力。

通过本课程的学习,学生能够掌握管理学基本概念、理论和方法,掌握管理者职责与素质要求、管理基本思维方式等内容。

本章第一节介绍课程组在某学期开学前向组内教师共享的"管理学"课程

整体教案的部分范例，第二节选取其中一章的教师具体授课详细案例，二者需结合展开。

第一节　课程整体思政教案示范

一、课程思政教学整体设计思路

"管理学"课程思政教学将全面对接和适应课程思政育人体系，将思想政治教育元素多角度、全方位地融入"管理学"课程教学过程各个环节，促使任课教师、学科团队与教书育人同向同行，促进思想政治教育与知识体系教育的有机统一，全面提升学生能力素养。

（一）总体思路

课程思政教学总体思路为：强化立师德树师风，自觉将思政教育融入"管理学"课程教学；强化思想理论教育和价值引领，发挥社会科学育人功能，充分发掘和运用管理学科蕴含的思想政治教育资源，拓展德育元素、发挥德育功能，将思政教育与管理理论方法有机融合，嵌入本科生创新创业培养，不断完善基于新时代社会主义核心价值观的、面向创新创业管理实践的"管理学"教育体系。

（二）思政课程目标设计

"管理学"作为管理工程学院各专业的学科基础课，是各专业的主干课程之一。其教学目的是要求学生全面掌握管理学基本概念、理论和方法，掌握管理者职责与素质要求、管理基本思维方式等内容。以往的管理学理论主要脱胎于西方传统管理学理论，其中不乏西方思维理念与价值观的遗毒，必须通过课程思政的正向规制，引领学生以正确的世界观、方法论思考问题，辩证学习和理解科学的管理学理论。"管理学"课程目标设置如下。

目标1：将社会科学的形象思维、整体思维与自然科学的逻辑分析思维相结合，树立科学精神与正确价值判断。

目标2：掌握管理内涵与管理者职责与素质要求、管理基本思维方式、管理思想演变等。

目标3：掌握管理学中有关决策、计划、组织、领导、控制、创新等管理职能的理论知识与实践方法。

目标4：培养学生的批判性思维能力、逻辑分析与判断能力、语言表达与沟通能力、理论联系实际能力、综合分析与关联能力、团队合作能力、组织与协调能力等。

目标5：培养学生的管理素养与多元思维，以及组织管理的实践能力、发现问题与解决问题的能力、自主学习与创新能力等。

（三）具体举措

"管理学"思政课程主要从"导、学、研"三个方面设计与实施。"导"，就是考评教师课堂引导效果，教师提前布置预习内容，引导学生自主通过课前预习了解知识点脉络，通过自测分析学生预习效果，为课堂有重点的讲授提供依据；"学"，就是考评教与学的效果，教师精讲导学，帮助学生建立基本的认知，启发学生深入思考，促进学生独立学习与思考的能力；"研"，就是考评学生学习效果，通过案例剖析、研讨交流，促进学生辩证分析与研究、自主实践与运用等能力的提升，并结合思政内容强化基于新时代中国特色社会主义理论的理解与把握，掌握运用这一理论丰富实践操作的方法要领，培养学生成熟的组织价值观，帮助其树立着眼强国、实干创新的理念素养。

"管理学"思政课程建设在理论精准导入、案例专项挖潜、实践固化深化等方面重点拓展，进而积极推进课程教学大纲的重新梳理与内容调整、课件思政点挖掘与有效融入、教学微视频设计与录制、课程思政育人典型教学案例筛选与撰写、课程思政教改项目申报与教改论文发表等工作开展。

1. 理论精准导入

在"管理学"课程理论板块教学大纲设计与编写中，找准思政内容的"切入点""剖析面""接合部"，突出体现马克思主义中国化的最新理论成果，重视价值引导和优秀传统文化的传承，以期有效地引导学生自觉弘扬和践行社会主义核心价值观，不断增强"四个自信"。

2. 案例专项挖潜

在"管理学"教学案例中，从改革开放后典型管理学案例中找到新突破，着眼宣扬新时代社会主义制度体系优势,讲管理的中国故事、传管理的中国方略,正面引导学生深化对管理学理论的理解与把握。

3. 实践固化深化

推进管理学配套实践课程开发与建设,全面结合本科生创新创业教育环节,为学生从实践中来、到实践中去提供深入学习和实践社会主义理论、践行社会主义核心价值观的平台与支撑。

二、课程思政教学方法及手段

(一)案例分析法

案例分析法的实施步骤:①在案例内容选择中,课程思政为主要方向,以大学生学习工作点滴现象为切入点,保证有鲜明的案例主题及所结合的章节,并且所选案例贴切、紧凑,能形象生动地说明原理,使学生易于理解,并从中受到思政育人方面的启发。②在案例讲解过程中,注重多媒体应用、教师富于情感的语言演绎。③在案例反思过程中,针对案例中的主要问题进行归纳总结,同时特别提出,通过案例分析讨论,学生应吸取什么样的经验教训,使学员加深对知识点的把握。

(二)小组讨论法

小组讨论法的实施步骤:①以弘扬社会主义核心价值观的热点问题为切入点,结合管理学计划、组织、领导、控制和创新五大主题设计讨论问题,并准备相关资料。②以4~5人为小组进行讨论,并随堂汇报讨论结果。③针对各小组的讨论结果进行归纳总结,提升学生对于社会主义核心价值观的正确认识。

(三)多媒体教学法

多媒体教学法的实施步骤:①剪辑优秀企业管理者关于计划、组织、领导等教学内容的演讲短片。②组织学生随堂观看,根据学生的反馈信息,了解学习思路和学习效果,指导学生有针对性地学习。

(四)多种形式综合考核方式

多种形式综合考核方式的实施步骤：采用平时表现、课后作业和闭卷考试相结合的方法，多维度考量学生学习成效。在平时表现考核中，注重对学生的主动服务意识、社会主义核心价值观念等内容的考察；在课后作业中，采用开放式问题的方法，强调对学生创新意识的考察；在闭卷考试中，注重与社会热点问题相结合，激发学生理论与实践相结合的能力。

三、教学过程

在整个思政教学过程中，以辩证唯物主义作为哲学与思维的基础指导，充分运用新时代中国特色社会主义理论体系，结合世界观、认识论和方法论，充分挖掘近代中国红色血脉传承，特别是改革开放以来中国社会主义建设伟大事业中的典型事例，从社会主义核心价值观的视角，帮助学生从理论与实践的结合上掌握管理学中的一般概念、理论，以及管理活动发展的一般规律，进而培养学生的综合管理素质、提高科学管理水平，并能用以解决现实管理活动中遇到的实际问题。

四、示范教案

本节共列举了"管理学"课程 8 个示范教案，如表 5-1~ 表 5-8 所示。

表 5-1 "管理学"示范教案（1）

项 目	内 容		
周 次	第 1 周，第 1 次课		
章节名称	0 绪论 0.1 管理学的研究对象 0.2 管理学的产生与发展 0.3 管理学的学习意义与方法		
授课方式	理论课（√）实验课（ ）实习（ ）	教学时数	2
教学目标 及基本要求	管理学是研究人类管理活动一般规律的科学。通过本部分的学习，学生能够对管理学有初步的认识，了解管理学的产生与发展历程，明确管理学的研究对象和学习方法，明白为什么要学习管理学		
教学重点、 难点	1. 教学重点： （1）管理学的产生与发展 （2）学习管理学的意义、理论指导、科学思维以及基本方法 2. 教学难点： 管理学的科学思维以及基本方法		

续表

项 目	内 容
教学基本内容与教学设计（含时间分配）	**1. 教学内容导入** 导入案例主题：亚当·斯密劳动分工观点——以日常学习生活现象点滴为例（15分钟） 教师通过"日常学习生活现象点滴"案例的讲述，使学生明了亚当·斯密劳动分工观点对现代企业管理所发挥的重要影响和作用；同时，使学生明了亚当·斯密劳动分工观点有利于企业提高经济效率和效益，适应和促进早期资本主义社会经济的发展；进一步地引导学生思考，亚当·斯密劳动分工观点给我们的学习工作生活带来了哪些启示。 思政导入：社会主义核心价值观中的"敬业"非常重要。在以后的学习工作过程中要深刻领悟到"熟能生巧"的人生哲理，做到干一行、爱一行、敬一行，才能专一行，正所谓"行行出状元"——只有在学习工作过程中做到专心、恒心，才能成为该行业领域的佼佼者，为社会、为家庭做出更大的贡献。 **2. 内容的展开** （1）管理学的研究对象（20分钟） 广义的管理学的研究对象既包括个体活动的管理，也包括群体活动的管理。个体活动需要管理，人类有组织的群体活动更需要管理。管理活动是一个由决策、组织、领导、控制以及创新所构成的循环往复、螺旋上升的过程。 思政导入：社会主义核心价值观对于国家、社会和个人三个层面有价值引领作用，而管理学的对象可以是国家、社会和社会组织、个人，把社会主义核心价值观的内容渗透到管理活动中，才能真正培养出有效的管理者和优秀的组织成员，才能让组织可持续发展。 （2）管理学的产生与发展（30分钟） 中国古代管理思想大多涉及宏观层面的国家和社会治理，通过"顺道无为""重人求和"等例子帮助学生理解。西方管理思想伴随着工厂制度的出现而大量涌现，让学生了解欧文、斯密、巴贝奇以及其他一些人对工厂制度早期管理问题的思考，这些思想为管理理论的系统形成奠定了坚实的基础。 思政导入：了解我国古代优秀的管理思想和儒家、道家、法家等传统思想派别，在领略中国传统文化的智慧与魅力的同时，增强民族自豪感和文化自信。 （3）管理学的学习意义与方法（20分钟） 引导学生分析管理学的学习意义，阐述怎样学习管理学。学习管理学，首先，可以了解管理的一般规律；其次，不仅可以帮助形成理性分析能力，而且可以提升以直觉判断为基础的决策或决断的能力。学习和研究管理学，要以马克思主义为基本指导，用科学的思维方式和理论联系实际的方法去思考管理实践，探讨管理理论的运用和发展。 **3. 教学小结** 对本次课讨论的管理学基本概念、科学的管理思维、理论联系实际的基本方法和辩证唯物主义与历史唯物主义世界观和方法论等内容进行简单总结。（5分钟）

续表

项　　目	内　　容
讨论、思考题、作业及课后参考资料	思考题： 1. 管理学的研究对象是什么？在企业管理研究基础上抽象出的一般管理理论对其他组织的管理是否也具有指导意义？ 2. 现代管理学是如何产生的？这对当代管理理论研究和管理实践的发展可能提供哪些启示？ 3. 管理学学习的目的和意义是什么？ 4. 试分析管理学的理论研究与管理实践能力提升的关系。 5. 马克思主义对学习和研究管理学的指导意义是什么？ 6. 为什么说"理论联系实际"是管理学学习和研究的基本方法？
教学后记	教学过程完全按照教学设计进行，突出教学内容的重难点，通过案例解读、视频观看、师生互动探讨等方式达到预期效果。学生学习状态良好，未有缺勤。学生能主动搜索资料，对材料提出自己的问题，并参与到问题讨论中

表 5-2　"管理学"示范教案（2）

项　　目	内　　容		
周　　次	第 1 周，第 2 次课		
章节名称	1 管理导论 1.1 管理的内涵与本质 1.2 管理的基本原理与方法 1.3 管理活动的时代背景		
授课方式	理论课（√）实验课（　）实习（　）	教学时数	2
教学目标及基本要求	任何人类活动，特别是人类有组织的群体活动都需要管理。本章旨在让学生理解管理的内涵与本质，熟悉管理工作的主要内容，在这个过程中，使学生了解管理者应依循的原理、借助的方法和工具		
教学重点、难点	**1. 教学重点** （1）理解管理的内涵 （2）认识组织的特征、企业的特征 （3）管理工作的主要内容 （4）理解管理的本质 （5）如何理解管理的科学性与艺术性 （6）管理的基本原理 （7）企业的社会责任及其体现 **2. 教学难点** （1）管理的科学性与艺术性 （2）管理的基本原理		
教学基本内容与教学设计（含时间分配）	**1. 教学内容导入** "何谓管理"的导入案例：一位年轻兽医与他的企业（10 分钟） 一位年轻兽医凭借激情和敏锐成功创办了自己的带注射器的兽药企业，形势喜人，但企业也逐渐陷入"成长烦恼"。年轻兽医开始自我怀疑："我能胜任领导一个企业这项任务吗？""我的思路是否有重大错误？""为何我吃尽千辛万苦还有人要背叛我？"		

续表

项目	内容
教学基本内容与教学设计（含时间分配）	思政导入：福莱特认为："管理是通过其他人来完成工作的艺术"。许多专业人士在管理意识和管理方法上都有所欠缺。专业知识对管理者而言是"双刃剑"：管理者必须具备强大专业背景吗？管理专业知识是管理实践上的障碍吗？在我国"大众创业、万众创新"的大背景下，思考上述问题显得尤为重要。 2. 内容的展开 （1）管理的内涵与本质（25分钟） 管理就是为了有效地实现组织目标，由管理者利用相关知识、技术和方法对组织活动进行决策、组织、领导、控制并不断创新的过程。使学生理解管理是对人或对人的行为的管理，管理本质是对人的行为进行协调。 （2）管理的基本原理与方法（35分钟） 管理的基本原理是管理者在组织管理活动的实践中必须遵循的基本规律，这些规律主要有人本原理、系统原理、效益原理以及适度原理。帮助学生了解管理者在组织管理活动的过程中借助的常用方法。抽象地看，这些方法或者以理性分析为基础，或者以直觉判断为依据。管理者在管理活动中可以借助许多工具，既需要运用权力直接规范被管理者在组织中必须体现的行为，并对其进行追踪和控制，也需要借助组织文化引导组织成员在参与组织活动过程中进行不同时空的行为选择。 思政导入：依据"管理的系统原理、效益原理和适度原理"，结合大型冷鲜肉企业冷链系统运营管理的实际案例，加强学生对可持续发展和对唯物辩证思想的贯彻和应用。 （3）管理活动的时代背景（15分钟） 帮助学生了解全球化和信息化这两个当今世界的重要特征。作为新兴的经济大国，中国于20世纪70年代末开始改革开放，引入市场机制，市场化因此逐渐成为中国经济生活的主旋律。 思政导入：引导学生探讨2020年新型冠状病毒疫情之下，全球化进程受到的影响。作为新兴的经济大国，我国对疫情进行了有效的控制和管理，体现了管理的人本原理等，也体现了大国的担当精神。 3. 教学小结 对本次课讨论的管理的概念、管理的科学性与艺术性及其启示、管理的四大基本原理等内容进行简单总结（5分钟）
讨论、思考题、作业及课后参考资料	思考题： （1）如何理解管理的本质？它对我们的管理实践活动有哪些启示？ （2）管理活动的基本原理有哪些？简述其主要思想。 （3）管理的基本方法与工具有哪些？它们的作用是什么？ （4）如何认识理性分析与直觉判断的关系？
教学后记	教学过程完全按照教学设计进行，突出教学内容的重难点，通过案例解读、视频观看、师生互动探讨等方式达到了预期效果。学生学习状态良好，未有缺勤。学生能主动搜索资料，对材料提出自己的问题，并参与到问题讨论中

表5-3 "管理学"示范教案(3)

项 目	内 容		
周 次	第2周,第1次课		
章节名称	2 管理理论的历史演变 2.1 古典管理理论		
授课方式	理论课(√)实验课( )实习( )	教学时数	2
教学目标 及基本要求	管理理论是在思考和总结管理实践的基础上对管理活动一般规律的抽象和总结。通过本章的学习,学生能够对管理学的历史演变有基本了解,熟悉古典管理理论中的科学管理、一般管理以及科层组织		
教学重点、难点	1. 教学重点 (1)泰勒的科学管理、法约尔的一般管理、韦伯的科层组织 (2)梅奥的人际关系理论 2. 教学难点 (1)一般管理以及科层组织 (2)经济人假设和社会人假设		
教学基本内容 与教学设计 (含时间分配)	1. 教学内容导入 对人的行为、思想的理解、掌握、预判,是管理者必须完成的任务,在很多时候这涉及超越经验和超越直觉的知识。引导学生思考:管理学的昨天与今天,对人的心理需求有什么样的进化?以激励为例,从"驱动"到"引领",是不是一种进化?(10分钟) **思政导入**:对"人"的发现是管理理论的启迪之光与变革源泉。在中国,从计划经济时期到社会主义市场经济,企业管理对人的思想、行为的重视程度有何不同,在新时代,对于各类人才应该如何有效激励。 2. 内容的展开 (1)外国管理思想(10分钟) 马萨诸塞车祸与所有权和管理权的分离;罗伯特·欧文的人事管理;查尔斯·巴贝奇作业研究和报酬制度;等等。 (2)古典管理理论与经济人假设(35分钟) 在19世纪末20世纪初开始系统形成,主要标志是泰勒的科学管理理论和法约尔的工业管理与一般管理理论。这个时期的管理理论的主要研究问题涉及科学管理、一般管理以及科层组织。 泰勒的科学管理理论的主要内容及评析。 法约尔的"经营六职能"。法约尔关于一般管理的14条原则。法约尔认为,管理活动包括计划、组织、指挥、协调和控制五个方面的内容。 韦伯的理想科层组织体系,即科层制。韦伯认为合法权力有三种:传统型权力;个人魅力型权力;法理型权力。 (3)古典管理理论与社会人假设(30分钟) 梅奥及其领导的霍桑实验;行为管理理论(人际关系理论)及对该理论的评析。		

续表

项　目	内　容
教学基本内容与教学设计（含时间分配）	**思政导入**："社会人"假设是西方现代管理学关于人性假设的一种。它认为物质利益对于调动人们的生产积极性只有次要意义，而良好的人际关系在这方面起决定性的作用。它是由霍桑实验的主持者梅奥提出的。引导学生探讨在这种假设基础上出现的"参与管理"的方式，对缓和劳资关系、提高生产效率、形成企业文化产生的重大影响。进一步地，分析社会主义核心价值观与这一人性假设的联系，其中，"和谐"意指配合适当而不生涩，融洽而不别扭，人与人的和谐；此外，强调平等、友善、公正、敬业、诚信也有助于做好企业科学管理。 **3. 教学小结** 对本次课讨论的泰勒的科学管理、梅奥的人际关系理论等内容进行简单总结（5分钟）
讨论、思考题、作业及课后参考资料	**思考题**： （1）评述泰勒科学管理的基本思想。 （2）评述法约尔的一般管理理论的主要思想。 （3）试评价韦伯科层体系在今天管理实践中的意义。 （4）试评述梅奥的人际关系理论。
教学后记	教学过程完全按照教学设计进行，突出教学内容的重难点，通过案例解读、视频观看、师生互动探讨等方式达到了预期效果。学生学习状态良好，未有缺勤。学生能主动搜索资料，对材料提出自己的问题，并参与到问题讨论中

表5-4 "管理学"示范教案（4）

项　目	内　容		
周　次	第3周，第1次课		
章节名称	2 管理理论的历史演变 2.2 现代管理流派 2.3 当代管理理论		
授课方式	理论课（√）实验课（　）实习（　）	教学时数	2
教学目标及基本要求	管理理论是在思考和总结管理实践的基础上对管理活动一般规律的抽象和总结。通过本章的学习，学生能够对现代和当代管理理论各流派的代表人物及理论的内容有基本了解，熟悉管理学的经典理论		
教学重点、难点	**1. 教学重点** （1）巴纳德的组织理论、管理思维的系统观的主要观点 （2）权变管理理论的主要观点 （3）西蒙决策理论的主要思想 **2. 教学难点** （1）权变管理理论的主要观点 （2）西蒙决策理论的主要思想 （3）业务流程再造		

续表

项目	内容
教学基本内容与教学设计（含时间分配）	1. **教学内容导入** 20世纪60年代以后，环境对企业的影响越来越重要。然而，古典管理理论的研究范围主要限于企业内部。为了解决理论不适应实践发展的问题，许多研究者就企业如何在变化的环境中经营进行了许多方面的探索，在此基础上形成了一系列不同的理论观点和流派——"管理理论的丛林"（10分钟） **思政导入**：永远保持与时俱进的理论品格——学习习近平总书记的重要讲话。时代是思想之母，实践是理论之源。引导学生探讨，面对2024年上半年的国际形势，企业应该如何应对？做好较长时间应对外部环境变化的思想准备和工作准备是否有其必要性。进行形势研判和对比分析。世界经济风险加剧，不稳定不确定因素显著增多。我国经济社会发展面临新的困难和挑战。 2. **内容的展开** （1）现代管理流派（35分钟） 主要从三个方面予以归纳。 ①管理思维的系统与权变研究。巴纳德认为组织是一个协作系统。根据权变学派的观点，管理技术与方法同环境因素之间存在一种函数关系，企业管理要随环境的变化而变化。 ②管理本质的决策与协调研究。西蒙的决策理论认为管理就是决策，明茨伯格讨论了组织的协调机制、组织的基本构成部分以及组织结构的基本形态。 ③管理分析的技术与方法研究。在孔茨所称的管理科学学派看来，管理就是制定和运用数学模型与程序的系统。 **思政导入**：引导学生探讨有没有普遍适用的企业管理理论。当前我国企业面临动荡的国际贸易环境，思考各类企业应如何应对，有条件的企业应如何对接和参与"一带一路"倡议。 （2）当代管理理论（25分钟） 分别从制度视角和技术视角进行研究。制度视角的研究：新制度学派从制度环境的影响这个角度剖析了组织的趋同现象；技术视角的研究：应用企业再造理论，在此背景下产生了业务流程再造理论。 **思政导入**：制度环境包括价值判断、文化观念和社会期待等，例如：企业和各界日益关注环保、诚信、产品质量等元素。在企业经营活动中，将社会主义核心价值观渗入企业内部并影响企业行为，可促进各类人才的全面发展、引领企业全面进步，成为推进企业治理体系和竞争能力现代化的强有力的文化意识"整合器"。 3. **教学小结** 对本次课探讨的权变管理理论、西蒙决策理论的主要思想等内容进行简单总结。（5分钟）
讨论、思考题、作业及课后参考资料	思考题： （1）现代系统与权变管理理论的主要思想是什么？ （2）评述西蒙决策理论的主要思想。

项　　目	内　　容
教学后记	教学过程完全按照教学设计进行，突出教学内容的重难点，通过案例解读、视频观看、师生互动探讨等方式达到了预期效果。学生学习状态良好，未有缺勤。学生能主动搜索资料，对材料提出自己的问题，并参与到问题讨论中

表 5-5 "管理学"示范教案（5）

项　　目	内　　容		
周　　次	第 14 周，第 1 次课		
章节名称	12 控制活动与控制过程 12.1 控制的内涵和原则 12.2 控制的类型 12.3 控制的过程		
授课方式	理论课（√）实验课（　）实习（　）	教学时数	2
教学目标及基本要求	控制是组织计划顺利进行的保障，在管理活动中至关重要。在组织中，完成计划需要各级管理人员的努力，承担各自责任范围内的控制工作。通过本章的学习，学生能够理解控制的内涵和类型，理解控制的原则、类型和过程		
教学重点、难点	1. 教学重点 （1）从多方面理解控制的内涵，掌握控制系统的构成 （2）进行有效控制需要遵循的原则 2. 教学难点 （1）在组织工作与管理过程中，如何构建控制的分类标准，并应用于组织工作活动且顺利实施 （2）对组织各项活动或工作进行有效控制的基本过程 （3）理解不同的控制类型以及各自的优缺点		
教学基本内容与教学设计（含时间分配）	1. 教学内容导入 从太空探索技术公司（SpaceX）的"猎鹰 9"火箭在进行静态点火测试时的爆炸事故，引导学生思考：控制的必要性和重要性，为什么要对组织各项活动或工作进行有效控制？（5 分钟） 思政导入：引导和促进学生主动全面了解国家各个领域生产活动的控制实践活动，以及因控制不严导致的生产安全事故和生命财产损失，从中如何吸收经验和总结教训。 2. 内容的展开 （1）控制的内涵和原则（20 分钟） 控制的内涵可以从五方面具体理解；控制的系统由控制主体、客体、目标、手段和工具体系四大部分构成；要想构造一个适宜有效的控制系统、进行有效的控制工作还需要遵循五大原则。		

续表

项　目	内　容
教学基本内容 与教学设计 （含时间分配）	（2）控制的基本类型（20分钟） 按控制进程可以分为前馈控制、现场控制和反馈控制；按控制职能可以分为战略控制、财务控制和营销控制；按控制内容可以分为制度控制、风险防范控制、预算控制、激励控制和绩效考评控制。介绍各种控制类型的优缺点和适用条件。 思政导入：讨论与分析"华西医院的医疗质量和安全管理""北京地铁的安全运营管理""山东寿光蔬菜基地的标准化种植""海底捞的服务与食品安全管理"等各领域经典控制案例。 （3）控制的过程（25分钟） 控制的过程，可以分为确定标准、衡量绩效以及分析与纠偏三个步骤。确定标准需要经过选择控制对象、选择关键控制点、确定控制标准三步，每一步都需要统筹考虑多方面因素；衡量绩效需要确定好衡量的主体、衡量的项目、衡量的方法和衡量的频度；分析与纠偏包括分析偏差和实施纠偏两个步骤。 （4）问题讨论（15分钟） 从中国各领域的组织工作和生产实践中的组织控制和产品质量控制案例中，分析归纳控制案例中的控制原则、类型、过程和方法。 3. 教学小结 对课堂讨论的控制原则、类型、过程等内容进行简单总结。（5分钟）
讨论、思考题、作业及课后参考资料	思考题： （1）控制分类的标准及控制的类型； （2）精读案例材料，分析控制的基本过程及相应的注意事项； （3）自主查阅我国知名企业的组织控制与质量控制案例，分析归纳控制案例中的控制原则、类型和过程。
教学后记	教学过程完全按照教学设计进行，突出教学内容的重难点，通过案例解读、视频观看、师生互动探讨等方式达到了预期效果。学生学习状态良好，未有缺勤。学生能主动搜索资料，对材料提出自己的问题，并参与到问题讨论中

表5-6　"管理学"示范教案（6）

项　目	内　容		
周　次	第15周，第1次课		
章节名称	13 控制的方法与技术 13.1 层级控制、市场控制与团体控制 13.2 质量控制方法 13.3 管理控制的信息技术		
授课方式	理论课（√）实验课（　）实习（　）	教学时数	2

续表

项　目	内　容
教学目标及基本要求	在一个组织的管理体系中，控制的方法与技术都属于"术"的层面，发挥着使"道"落地的作用，直接决定着控制的理念和系统付诸实践的效果。通过本部分的学习，学生能够理解层级控制、市场控制与团体控制三个层面的控制方法和质量控制方法，了解主要的控制技术
教学重点、难点	**1. 教学重点** （1）理解层级控制、市场控制与团体控制三类方法不同的控制逻辑 （2）产品质量和工作质量之间的联系和区别 （3）全面质量管理的基本要求、事实原则和基本方法 （4）如何从管理哲学的高度来理解六西格玛管理方法 （5）柔性对企业的重要性，以及柔性工作系统如何能提高企业的应变能力 **2. 教学难点** （1）全面质量管理的基本要求、事实原则和基本方法 （2）柔性对企业的重要性，以及柔性工作系统如何能提高企业的应变能力
教学基本内容与教学设计（含时间分配）	**1. 教学内容导入** 习近平总书记强调，充分发挥我国应急管理体系特色和优势，积极推进我国应急管理体系和能力现代化。引导学生思考：应急管理体系和能力现代化与管理控制的信息技术有何关联？（10分钟） 思政导入：我国是世界上自然灾害最为严重的国家之一，这是一个基本国情。同时，我国各类事故隐患和安全风险交织叠加、易发多发，影响公共安全的因素日益增多。加强应急管理体系和能力建设，既是一项紧迫任务，又是一项长期任务。引导和促进学生了解以信息化技术推进应急管理现代化，提高监测预警能力、监管执法能力、辅助指挥决策能力、救援实战能力和社会动员能力。 **2. 内容的展开** （1）组织控制方法（25分钟） 层级控制、市场控制和团体控制，这三类控制方法具体做法不同、适用范围不同，发挥的作用也不同。每种分类下还有若干常用的控制方法。 （2）质量控制的方法（35分钟） 介绍过程控制、全面质量管理方法、六西格玛管理方法等质量控制方法。企业为顾客提供的产品或服务本身的质量是企业获得竞争优势的基础，管理者必须高度重视质量问题，建立健全的质量控制机制，确保质量的持续改善和提升。 思政导入："华西医院的医疗质量和安全管理"的控制方法与技术：①实行分级诊疗制度，优化资源配置，提高医疗服务效率。②应用信息化管理系统，实现患者信息共享和治疗过程透明化。③建立健全的医疗事故预防和应急处理机制。④强化医务人员的职业道德教育和技术培训。 成效：医疗服务质量显著提升，患者就医体验更加舒适便捷。

续表

项目	内容
教学基本内容与教学设计（含时间分配）	（3）管理控制的信息技术（15分钟） 随着信息技术的迅速发展和广泛应用，管理控制的内容和手段得到了极大丰富。EDPS、MIS、DSS等电子数据系统极大地提高了控制效率，柔性作业系统也为企业应对市场需求的多样性和环境变化的不确定性提供了支持。 3. 教学小结 对本次课讨论的组织控制和质量控制的方法等内容进行简单总结。（5分钟）
讨论、思考题、作业及课后参考资料	思考题： （1）简述全面质量管理的内涵与实施原则。 （2）简述六西格玛管理方法的内涵与原则。 （3）试描述几种常见的信息控制技术，并说明信息系统建立的应用原则。
教学后记	教学过程完全按照教学设计进行，突出教学内容的重难点，通过案例解读、视频观看、师生互动探讨等方式达到了预期效果。学生学习状态良好，未有缺勤。学生能主动搜索资料，对材料提出自己的问题，并参与到问题讨论中

表5-7 "管理学"示范教案（7）

项目	内容		
周次	第15周，第2次课		
章节名称	14 风险控制与危机管理 14.1 风险识别与分析 14.2 风险评估与控制 14.3 危机管理		
授课方式	理论课（√）实验课（ ）实习（ ）	教学时数	2
教学目标及基本要求	由于内外环境的变化，组织在运营过程中会面临各种风险，如果处理不当，可能会引发企业危机。因此，本章目的在于通过学习，让学生了解风险对企业经营的影响，理解风险和危机之间的联系和区别，对风险管理和危机管理的目标、内容和方法有基本的认识		
教学重点、难点	1. 教学重点 （1）为了更全面地识别出风险，需要重点关注哪些方面？ （2）有哪些风险控制策略？这些策略的实质是什么？ （3）风险和危机之间的关系。 （4）有效的危机反应和恢复过程应当包括哪些？ 2. 教学难点 （1）风险管理目标具有两面性，风险管理不仅只为了应对风险发生后的影响，更应该深谋远虑，尽可能地消除、降低或转移风险事故的发生； （2）为了更全面地识别出风险，需要重点关注哪些方面？		

续表

项 目	内 容
教学基本内容与教学设计（含时间分配）	**1. 教学内容导入** 以中国各个历史时期发生的气象灾害事件为导入点，引导学生思考：风险及其分类，风险管理的目标，以及如何识别风险、掌握风险的评估与控制过程。（10分钟） **思政导入**：引导和促进学生全面了解中国共产党在气象灾害风险事件防控、救灾和灾后重建中所发挥的作用。 **2. 内容的展开** （1）风险识别与分析（20分钟） 主要介绍风险及其分类、风险管理的目标以及如何识别风险。风险管理的目标包括损失前的经济目标、合法性目标和社会责任目标，以及损失后的生存目标、持续经营目标和收益稳定目标。风险识别的方法主要包括现场调查法、审核表调查法、组织结构图示法、流程图法和财务报表法。 （2）风险评估与控制（15分钟） 风险的评估与控制过程；风险评估可以通过估计损失概率和损失程度、情景分析、敏感性分析和风险地图来实现；在对风险进行识别和评估后，通过采取不同的控制方法，包括风险避免、风险分担、损失降低管理和风险保留，可以将风险控制在可容忍范围内。 （3）危机管理（30分钟） 危机管理的第一步是危机预警工作，包括建立危机预警系统、提前做好应对危机的准备工作等。在危机爆发后，组织必须及时反应，组织危机处理小组启动应急预案以隔离危机。 **思政导入**：2020年南方地区洪涝灾害，国家启动了Ⅱ级防汛应急响应，各级政府积极行动。应对措施：①中央层面成立了专门工作小组统一指挥协调；②利用卫星遥感、无人机巡查等高科技手段辅助灾情评估和救援指挥；③广泛动员社会力量参与。总结教训：①加强气象预报精度，提高预警准确性；②强化基层防御，确保不留死角；③优化重建规划。 （4）问题讨论（10分钟） 结合中国各领域的危机管理案例，分析归纳各领域存在的风险及其分类，理解风险管理的目标，掌握如何识别风险，风险的评估与控制过程。 **3. 教学小结** 对本次课讨论的风险分类、识别、评估、控制与管理等内容进行简单总结。（5分钟）
讨论、思考题、作业及课后参考资料	**思考题**： （1）阐述风险的内涵与基本分类； （2）精读案例材料，分析风险识别的方法和过程； （3）举例说明风险分析和风险评估的不同方法。
教学后记	教学过程完全按照教学设计进行，突出教学内容的重难点，通过案例解读、视频观看、师生互动探讨等方式达到了预期效果。学生学习状态良好，未有缺勤。学生能主动搜索资料，对材料提出自己的问题，并参与到问题讨论中

表 5-8 "管理学"示范教案（8）

项 目	内 容		
周 次	第 16 周，第 1 次课		
章节名称	15 创新原理 15.1 组织管理的创新职能 15.2 管理创新的类型与基本内容 15.3 创新过程及其管理 16 组织创新 16.1 组织变革与创新 16.2 组织结构创新 16.3 创新与学习型组织		
授课方式	理论课（√）实验课（　）实习（　）	教学时数	2
教学目标 及基本要求	让学生了解创新的必要性和重要性，再进一步理解不同的组织创新类型和组织创新的逻辑，形成以创新为主导的企业管理思路，为建设创新型企业、服务和促进创新型社会主动作为		
教学重点、难点	1. **教学重点** （1）管理创新的内涵 （2）维持职能与创新职能之间的关系 （3）管理创新的类型与基本内容 （4）创新的过程 （5）组织创新的内容 2. **教学难点** （1）创新的五种基本形式 （2）维持职能与创新职能之间的关系 （3）管理创新的类型与基本内容 （4）创新的动力来源 （5）组织创新的内容		
教学基本内容 与教学设计 （含时间分配）	1. **教学内容导入** 结合华为案例，引导学生理解创新是企业基业长青的基础，尤其是在动态的复杂环境中，管理活动必须通过创新主动适应环境变化的要求，不断调整组织活动。（5 分钟） **思政导入**：习近平总书记多次谈到"创新是一个民族进步的灵魂，是一个国家兴旺发达的不竭源泉，也是中华民族最鲜明的民族禀赋"，强调"把科技创新摆在国家发展全局的核心位置"，还在经济转型中提出"科技发展的方向就是创新、创新、再创新"。 2. **内容的展开** （1）组织管理的创新职能（20 分钟） 组织管理的创新职能，包括管理创新的内涵、创新与维持之间的关系，以及管理创新工作的内在规定性。重点讨论创新与维持之间的关系，帮助学生理解卓越的管理是实现维持与创新最优组合的管理。创新管理与维持管理在逻辑上表现为相互连接、互为延续的链条。		

项　　目	内　　容
教学基本内容与教学设计（含时间分配）	（2）管理创新的类型与基本内容（20分钟） 分别从形式、过程和要素角度对管理创新进行了考察。从形式角度来看，管理创新分为渐进式创新和破坏性创新，按变革方式分为局部创新、整体创新、要素创新和结构创新，按组织化程度分为自发创新和有组织的创新；从过程角度来看，管理创新可以分为战略创新、组织创新和领导创新；从要素角度来看，管理创新可以分为管理思维创新、管理环境创新和管理技术与方法创新。 （3）创新过程及其管理（15分钟） 介绍创新过程及创新管理。结合案例，引导学生深入理解：有效的创新工作是在发掘企业创新动力的基础上，进行科学的创新决策，实施创新组织和领导，评价企业创新效果，从而针对经营中存在的问题，发现新的创新动力的循环过程。着重讨论创新的动力来源。 **思政导入**：在当代中国，创新动力就时时刻刻发生我们身边。回想40余年的改革开放道路，正是"技"不如人的困顿、受歧视受欺诈的屈辱，迫使我们的民族企业家们丢掉幻想、放下包袱，开创了新时代中国特色社会主义市场经济的"中国奇迹"。 （4）组织创新的内容（25分钟） 组织创新的内容包括制度创新、结构创新和企业文化创新。 **思政导入**：任何一种制度、机制并非一成不变，适应变化的市场、环境、挑战，不断调整和改变，这就是改革与发展的根本要义，也是组织创新的本质特征。中国的企业发展也在时代大潮中顺势而为，开创并形成了"中国模式""中国经验"。 **3. 教学小结** 对本次课讨论的组织设计的任务与影响因素、组织设计原则、组织结构类型、正式组织与非正式组织、集权与分权、授权等内容进行简单总结。（5分钟）
讨论、思考题、作业及课后参考资料	**思考题**： （1）管理创新的内涵是什么？它与操作创新的区别是什么？ （2）管理维持工作与创新工作之间的关系？ （3）为什么说管理创新是一个独立的管理职能？ （4）有效管理创新工作的主要内容有哪些？ （5）在知识经济时代下企业如何才能做好组织结构调整？
教学后记	教学过程完全按照教学设计进行，突出教学内容的重难点，通过案例解读、师生互动探讨等方式达到了预期效果。学生学习状态良好，未有缺勤。学生能主动搜索资料，对材料提出自己的问题，并参与到问题讨论中

五、总结与反思

本课程教学内容覆盖"管理学"教学大纲，着重强调学生对重点章节基本概念与理论的掌握，强调各章节知识之间的关联性与连续性。"管理学"课程教学过程中引入大量教学案例，包括文字、视频等多种形式，引导学生直面实际问题，展开灵活思考，强调从多方面培养问题分析、问题判断、问题解决等能力，鼓励学生进行发散性思维与批判性思维训练。

教师在教学过程中可参考教案适当拓展，鼓励基于新思政元素的案例更新，注意通过鼓励学生进行思维训练，逐步引导学生透过现象看本质，从多视角分析管理学问题，避免被表象蒙蔽。平时注重指导学生不要读死书，激发学生的学习积极主动性，鼓励学生多阅读参考书籍和文献。

课程组建立课程视频的课后分析机制和学生课后的评价机制，对教学目标的达成情况、课程思政的融合情况、重点难点的解决情况进行反思和梳理，并针对课程思政建设和其他教学问题，利用线上线下的全员研讨会，分析解决问题，实现课程组整体业务能力的持续提高。

第二节　新时代大力弘扬社会正能量与正向价值追求对激励的强化效力

一、课程思政基本情况

参考本章第一节相关内容。

二、具体教学过程

在整个思政教学过程中，以辩证唯物主义作为哲学与思维的基础指导，充分运用新时代中国特色社会主义理论体系，结合管理世界观、认识论和方法论，充分挖掘近代中国红色血脉传承，特别是改革开放以来中国社会主义建设伟大事业中的典型事例，从社会主义核心价值观的视角，帮助学生从理论与实践的结合上掌握管理中的一般概念、理论，以及管理活动发展的一般规律，进而培养学生的综合管理素质、提高科学管理水平，并能用以解决现实管理活动中遇到的实践问题。

结合第一节的内容，本节以课程第十章"激励"为例，展示思政教学的融入过程。

（一）复习与引导

通过课前测验、设疑法、引导法完成复习与引导，基于上次课程内容，引出本次课程内容。（8~10分钟）

1. 回顾

我们在之前的"领导理论"一章中了解到，作为管理者要组织好每一项工作，并保证每个层级、部门、工作环节的工作效率，因而必须提高管理者自身的领导能力，这就需要关注管理者自身的特质培养、管理对象与管理环境等。请一位同学来总结下上次课了解到的各种领导理论，分析下它们之间存在怎样的关联。

2. 思考引导

由此我们可以看出，要提升管理效率，激发员工工作动力，管理不能只是站在管理者的视角，还必须正视主客体之间存在的必要联系。当管理者要求员工能够努力工作、克服障碍寻求创新的时候，不仅要随时调整自身的领导风格与行为，还要对员工有深入的了解，采用适合的领导方式与管理手段，有效激励员工，激发其内在的力量，构筑强大内驱力，推动员工努力工作，高质量完成组织交给的任务。而且，组织目标不是几个人努力去做就可以实现的，而是需要整个组织从上到下齐心协力，共同努力才能达到。

那么，我们此时需要大家考虑的问题就是：你所了解到的能够激励人的方式有哪些？你觉得能否探寻到有效的规律或方法，能够让管理者一击即中，使员工愿意为组织分配的任务付出更多时间与精力，愿意为此正视并努力克服各种困难？

请一位同学简要回答，教师点评该回答，引出本堂课内容：我们通过刚才的讨论，明确了每个人其实都有其潜在能力，如何引导并将其激活，且将个人成长与组织发展紧密结合到一起，这是"激励"这一章所需要探讨的问题。

（二）课程内容讲授与互动

通过讲解法、设疑法、讨论法完成本次课程内容的讲授和互动。（65~70分钟）

1. 激励的定义

激励是组织诱发个体产生满足某种需要的动机进而促使个体行为与组织目标趋同的管理过程。

在这里我们可以看到，激励本身有非常明确的目的，就是为了让个体与组织目标趋同，也就是为了能够达到组织目标。无论是"共和国勋章"还是"七一勋章"获得者，袁隆平、钟南山、陈薇、卫国戍边英雄集体等，都是全中国人民在追的星，是我们党和国家共同的价值目标所在。电视剧《觉醒年代》火爆全国，这部剧让所有观众都知道了中国共产党诞生的详细过程，正是一个个先进的思想者，统一在共产主义这面强大而科学的真理旗帜下，才让苦难深重的旧中国找到了重生的方向。革命免不了奉献甚至牺牲，正是在这样一群坚定的、有共同信仰的先进共产党人的带领下，中国人民成立了社会主义新中国，开创了中国特色社会主义，用前所未有的改革开放创造了震惊世界的伟大成就。所以，最大的激励是思想、是信仰，个人只有将自己的追求放到组织的共同追求中，才能发挥出最大的作用。

2. 激励机理

行为是人类在环境影响下一切外在反应的统称。动机性行为则是在人的理性意识支配下按照一定的规范进行并达成一定成果的活动。

动机性行为的一般过程包括刺激、需要、动机、行为和目标等环节。如图5-1所示，人的行为过程是一个"刺激—需要—动机—行为—目标—满足（受挫）"循环往复的过程。人的行为总是指向一定的目标，又总是为一定的动机所支配；动机又为需要所决定，需要又是在一定的社会环境背景下受内外刺激所产生的。依据行为过程的这一规律，组织管理者可以对劳动者未满足的需求展开刺激，强化劳动者的动机，引导劳动者的行为目标，进而促使劳动者产生组织期望的积极行为。

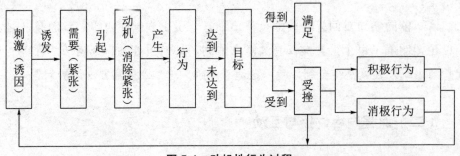

图 5-1　动机性行为过程

依据人的行为规律，人的行为过程包含了三类基本变量，即刺激变量、机体变量和反应变量（图5-2）。刺激变量是指对个体反应产生影响的外界刺激，也叫诱因，如自然环境刺激、社会环境刺激等。机体变量是对个体反应产生影响的内部决定因素，是个体本身的特征，如个体性格、动机等。反应变量是刺激变量和机体变量在个体反应上引起的变化。对应到人的一般行为规律：刺激属于刺激变量，个体的需要、动机属于机体变量，个体的行为则属于反应变量。激励过程本质上就是通过刺激变量引起机体变量（需要、动机）产生持续不断的个体兴奋，从而引起个体积极行为反应的过程。

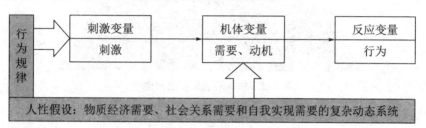

图 5-2　激励机理

因此，激励措施生效的关键就在于甄别出不同的人在不同的时间、不同的境遇下的优势需要并加以刺激。

3. 激励理论

1）行为基础理论

以马斯洛的"需要层次理论"为例，我们共同探讨下激励的行为基础理论。行为基础理论是以人的需要为研究重点，回答的是"以什么为基础（或根据），什么才能激发人的积极性"的问题。

（1）理论讲解。"需要层次理论"是行为科学的理论之一，由美国心理学家亚伯拉罕·马斯洛（Abraham Maslow）于 1943 年在关于《人类激励理论》的论文中所提出。该理论将人类需要从低到高分为五种，分别是生理需要、安全需要、社交需要、尊重需要和自我实现需要（图5-3）。其中生理需要、安全需要和社交需要都属于低层次的需要，通过外部条件就可以满足；尊重需要和自我实现需要是高层次的需要，是通过内部因素才能满足的。

马斯洛不是唯一提出这个观点的人，在我国古代典籍中，也有学者曾经提到过类似的见解，比如荀子。荀子从人的生理本能和物质情欲诸方面扩大了人之情性的内涵，认为人生而有各种情欲，而人的情欲在其展示过程中又表现为不同层次的需要，这与马斯洛的需要层次理论有异曲同工之处。

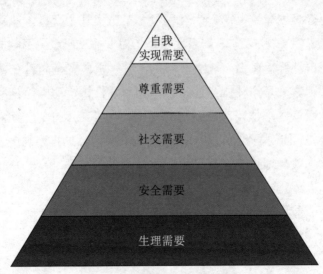

图 5-3 马斯洛的需要层次理论

我们一般都会认为,根据马斯洛的需要层次理论,人的需要有一个从低层次向高层次发展的过程。需要层次理论有两个基本出发点:一是人人都有需要,某层需要获得满足后,另一层需要才出现;二是在多种需要未获满足前,首先满足迫切需要,该需要满足后,后面的需要才显示出其激励作用。此时,追求更高一层次的需要就成为驱使行为的动力。

在这里要引导学生思考,是否会存在与该理论不符的现实情况?那么,我们该如何正确理解需要层次理论才是真正的理论联系实际?任何一种理论的提出,都有其历史与环境的片面性,都需要在不断变化的实践探索中变革与发展。在中国共产党的发展过程中,以毛泽东为代表的共产党人坚持把马列主义同中国革命的实际结合起来,创立了"农村包围城市""星星之火可以燎原""广泛发动群众"等先进理论,保住了中国革命的火种和希望;四十多年前,面对小岗村分田到户的"逆天"之举,改革开放的总设计师邓小平同志坚持"实践是检验真理的唯一标准"和"实事求是",奠定了社会主义道路新的起点,把马列主义同中国革命与建设的实践结合起来,形成建设具有中国特色社会主义理论,这是我们由弱向强必由之路上的火炬。

(2)案例分析。教师播放《觉醒年代》片段。这部剧全景式再现中国共产党的创建历程,以厚重的历史内涵、丰富的文化意蕴、深刻的思想启迪和具有创新意义的审美表达,揭示了中国共产党诞生的历史必然性和道路选择的正确性,更以强烈的艺术感染力和饱满的情感灌注,致敬先驱伟业,颂扬了在那个觉醒年代里,一批共产主义者们的初心之纯、主义之真、信仰之坚和理想之美。

它不仅是一部重大革命历史题材电视剧的优秀之作,也是一部党史教育的生动教材。

结合视频内容,引导学生针对需要层次理论,认识到以下内容。

第一,人类任何一种需要并不由于高一层次需要的出现而消失,各层次需要之间是相互依赖并以重叠波浪形式演进的。也就是说,同一时期,一个人可能有几种需要,但每一时期总有一种需要占支配地位,对行为起决定作用。任何一种需要都不会因为更高层次需要的发展而消失。各层次的需要相互依赖和重叠,高层次的需要发展后,低层次的需要仍然存在,只是对行为影响的程度大大减小。五种需要像阶梯一样从低到高,按层次逐级递升,但次序不是完全固定的,可以变化,也有种种例外情况。

第二,未满足的需要才具有激励作用。要想获得有效激励效果,就要针对激励对象,把握其当下未满足的需要。因为人在某一阶段,其需要是一个有主次的需要集合。作为管理者,要能准确把握对方当下最主要的需要,甚至能提高其满足的迫切程度;当多个需要存在矛盾时,要能帮被管理者明确哪一个是当下最为重要的、亟待满足的需要。中国共产党先驱们的初心使命是推翻压在中国人民头上的"三座大山",这是当时所有中国人民最大的期盼与需要,只有解决这个问题,才能满足他们当下最大的需要,也就是让所有中国人有尊严地活、幸福地活。

第三,帮助员工规避社会不良风气的影响。把握员工的主要需要是必需的,但有些员工也可能没有意识到自己当下亟须满足的需要是什么,或者随波逐流,往往会跟随社会当下一些不良风气、所谓潮流等把那些肤浅粗俗的事物认为是自己的需要,例如盲目攀比、盲目追求金钱物质、追求奢靡享乐、崇尚迷信等。组织可以主动帮助员工清醒地认识到自己在如今职业发展阶段亟须满足的需要到底是什么。这就需要建设有效的组织文化,将组织使命、组织价值观注入其中,并且对员工进行潜移默化的影响,帮助员工认识到虽然低层级的需要必不可少,但不能总是集中在低层级的需要上,很多时候要看到高层级需要的价值,在无形中提升其需要层级。那么,需要通过营造组织风气,加强组织层级、部门、人员之间的沟通,让员工树立新目标,帮助其挖掘潜在的高级别需要。越是高级别的需要越突出思想精神层面的要求,越要求正向引导。在新时代,社会正能量和社会主义核心价值观得到弘扬,抗击抗疫、河南暴雨中都体现了人与人之间的无私帮扶与奉献。

第四,对自我实现需要的正确认识。人们对成功的认识过于偏颇,认为需要层次理论中的"自我实现需要"是极少数人才会有的需要。但是马斯洛在描述其理论的时候,提到自我实现需要是每个人在任何阶段都具有的,一些看似影响不大的事情也能满足人们的自我实现需要。比如,通过自己的努力攻克一道比较困难的高数习题,或是独自做出一道可口的、被亲朋称赞的菜肴,都能满足人们的自我实现需要。这种感受被马斯洛称为"高峰体验"。该体验能够让人"感受到一种发自心灵深处的战栗、欣快、满足、超然的情绪体验",由此获得人性解放、心灵自由、自信加强,从而照亮一生。也就是说,每个人的一生都不会一帆风顺,当人们在某一阶段处于人生低谷或者遇到某种不易逾越的困难时,这种曾经成功过的、满足了自我实现需要的情绪体验,便能帮助人们安然度过这种艰难时期,充满信心地面对下一阶段工作和生活的挑战。

由此,教师要鼓励学生勇于尝试,勇于挑战自我,让自己能不断体验到对自我实现需要的满足,为自己未来的人生拼搏积累更多的信心。我们每个人能看到、能感受到的例子有很多,比如女排精神、"两弹一星"精神、载人航天精神等蕴含的勇于创新、勇于开拓的思想,比如袁隆平、屠呦呦、南仁东等人开拓创新的事迹。

(3)组织讨论。结合之前讲解内容,引导学生思考下面问题。马斯洛和其他的行为心理学家都认为,"一个国家多数人的需要层次结构,是同这个国家的经济发展水平、科技发展水平、文化和人民的受教育程度直接相关的。在发展中国家,生理需要和安全需要占主导的人数比例较大,而高级需要占主导的人数比例较小;在发达国家,则刚好相反。"你是否认同这一观点?

(4)讨论总结。前面这段话有其正确的一面。一般来看,一个地区在经济、科技等水平较低的情况下,会出现资源短缺、物资匮乏的情况,大多数人可能更多的是要先满足生理需要和安全需要等低级需要,无暇顾及自身的高级需要。然而,对于任何一个问题的理解都不能只看表面。我们在前面提到,五种需要从低到高,逐级递升,不过次序不是完全固定的,会变化,会有种种例外情况。低层级需要不是社会阶层、经济水平、专业能力等提高后就会降低关注,发达国家同样会有相当多人处于经济窘境中,低层级需要仍为主导。而在经济发展水平、科技发展水平、文化和人民受教育程度不甚发达的发展中国家,也会因为有其发展的远大目标,虽然低层级需要的满足程度比不上发达国家,但是大多数人不会局限于低层级需要的满足,不会忽略对高层级需要的追求,而将高层级需要作为其主导的需要,更看重自我实现、自身与国家尊严,并为此而努力工作,奋力拼搏。

2）过程激励理论

过程激励理论的研究重点是行为的发生机制，主要回答"如何由需要引起动机，由动机推动行为，并由行为导向目标"的问题。下面我们将以维克托·弗鲁姆（Victor H. Vroom）的"期望理论"为例，共同探讨过程激励理论。

（1）理论讲解。期望理论是由北美著名心理学家和行为科学家维克托·弗鲁姆于1964年在《工作与激励》中提出来的，可以用公式表示为

$$M = V \cdot E \qquad (5\text{-}1)$$

式中：

M——激励力（motivation），是指调动个人积极性，激发人内部潜力的强度，即工作动力；

E——期望值（expectancy），是指根据个人的经验判断达到目标的把握程度，即工作信心，也就是人们判断自己达到某种目标或满足需要的可能性的主观概率；

V——效价（value），是指所能达到的目标对满足个人需要的价值，受个人价值取向、主观态度、优势需要及个性特征的影响。这里我们应该明确的是，效价不仅仅意味着物质价值，还包括发展价值（如能力培养、晋升、自我成长等）、心理价值（与精神有关，如追求信仰，获得道德感、使命感、成就感、满足感、安全感等）。很多时候精神层面效价的提升往往会起到更大的激励作用。从孟子"天将降大任"到习近平总书记的"我将无我"，不同层面的目标追求带来不同的激励效果。

期望理论说明，人的积极性被调动的大小取决于期望值与效价的乘积。也就是说，一个人对目标的把握越大，估计达到目标的概率越高，激发起的动力越强烈，积极性也就越大。

然而，我们从图5-4可以看出，该理论要求效价和期望值同时处于高值时，激励力才会保持高值，才能起到较好的激励效果。

```
第一种结果：M（低）=V（低）·E（低）
第二种结果：M（低）=V（低）·E（高）
第三种结果：M（低）=V（高）·E（低）
第四种结果：M（高）=V（高）·E（高）
```

图5-4　期望理论

在组织管理工作中，如果将期望理论运用在调动下属的积极性上，是有一定意义的。人们往往在预期到自己的某种行动会给其个人带来具有吸引力的、既定的成果，且自身具有达到该成果的可能性时，才会被激励起来去完成某项任务，从而达到组织设置的目标。

（2）组织讨论。接下来，将学生分成4~5人一组，围绕"期望理论在实际管理工作中该如何应用，才能产生有效的激励效果？"这一问题，展开小组讨论，并给出提示：如何做才能使效价和期望值均得到提升？效价可以从物质、个人发展与心理多方面考虑，期望值可以考虑如何提升激励对象对自身能力的认知与信心。

（3）讨论总结。

①强调效价与期望值必须同时保持一种高值状态才能提升激励效果。

②深入理解效价的内涵，对效价的认知往往和一个人的价值观密切相关，可以考虑如何通过沟通、教育、潜移默化来调整其对效价的理解，比如针对员工当前的主要需要来提出效价，或是组织文化中蕴含的组织价值观来引导、调整其效价，帮员工找到其能认可的价值目标，让其认识到目标的重要性，提升责任感与价值感，提高目标的吸引力。

③期望值是一个人对自身完成任务能力的信心。因此，一方面，可以通过充分沟通，帮助员工建立自信，正视并重新评价自己的能力，认识到自己的潜能；另一方面，可以通过加强资源分配，提升其完成工作的可能性，比如相关的能力培训机会、补充团队力量等，帮助其意识到只要付诸努力，完成该项任务对其来说是完全有可能的。

然而，在实际生活中，不少目标的效价与期望值往往呈负相关关系。比如，既存在重大社会意义、又能满足个体成就需要的具有高效价的目标，可能难度大、成功率低；而成功率很高的目标则有可能因为缺乏挑战性，做起来索然无味，降低了效价。因此，在管理实践中，管理者需要在设计与选择适当的外在目标时给予重视，既要保证效价能给人以成功的希望，又要使人们感到值得为此而努力奋斗。同时，要给予员工更多的关怀、指导和支持，这才是期望理论在激励过程中应用的关键所在。如何为效价赋予国家社会发展意义，而且让组织成员感到人生值得为目标而奋斗，真正提高效价？结合扶贫攻坚的例子，可以看到无数农村深处的一线基层干部的动人事迹，正是"干前所未有之事业"的壮志雄心，让几十万颗"螺丝钉"变成中流砥柱。

（三）课堂小结

从引导互动法过渡到讲解法，完成本次课程内容的总结。（10分钟）

帮助学生回顾本次课所讲内容，包括激励的概念、激励机理和激励理论。强调虽然激励理论是在实践中、总结中得出，并不断得到验证，但是在实际应用中，需要考虑当前时代特征、本土管理环境、人们的观念变更等现实因素，需要将理论联系实际，激励的实际方式和手段都需要与时俱进，不断调整，跟上时代的步伐。

同时，我们也可以看到无论是领导行为的选择，还是激励实务的具体操作，现实中都离不开人与人之间的沟通交流。管理，就是要面对一个复杂的社会群体，就是要时刻要面对管理沟通的问题。因此，下面我们就主要针对管理沟通中沟通的类型、怎样做好有效沟通、沟通障碍及其克服，以及冲突的解决等内容进行讨论，帮助大家了解如何提高沟通能力，改善沟通问题。

（四）课后提醒

随堂测试、布置作业并引导学生课后复习与下次课预习。（5~10分钟）

（1）通过超星学习通 App 让学生随堂做 10 道基础内容的选择题，并进行简单点评，从而帮助学生强化对本章基础知识的掌握。

（2）请学生在实际工作、生活中，或者在各类文学作品、影视作品中找出和激励相关的内容，用课上提到的激励理论，尤其是需要层次理论和期望理论对该内容进行分析，找出其激励过程中都有哪些经验值得我们学习借鉴，寻找并发现其中还存在怎样的问题，依托我们对激励理论的深入理解，找出解决这些问题的可能策略与方法。

将分析内容用文字表达出来，要求观点明确、逻辑合理、语言简洁顺畅，字数不低于 500 字。该项作业旨在帮助学生活学活用，了解身边处处离不开管理知识，兼以训练学生理论联系实际的能力、思维能力与文字表达能力等。

三、教学效果

通过统计章节随堂测验数据，分析课堂讨论、课后作业等情况，可以看出，学生总体上都能够较好地理解并掌握本章基础知识，并对管理激励理论有了一定程度的认知，理解在激励过程中，重要的是要结合权变思想，因环境而异、因人而异选择激励效果最佳的激励方法。本章课程教学受到学生的普遍好评，极大地增加了学生学习兴趣，课下提问与拓展阅读人数增加，初步达到了本章的教学目标。

在管理学知识的讲授过程中，通过有机融入课程思政，结合新时代弘扬社会正能量的需求，合理引入中华民族伟大复兴事业对青年学生的目标意义，以增强民族自信心、国家自豪感和社会主义接班人的思想意识，引导学生追求正向价值、追求高远精神、追求脚踏实地等相关内容，利用名人事迹与相关影视作品的典型强化宣扬，为学生树立正确的人生导向。一方面，让学生充分体会在实际工作中理论联系实际的重要意义，使其意识到学习不能只是知识点的背诵记忆，那样只是纸上谈兵，必须在案例分析、管理实践中不断体会与印证；另一方面，帮助学生明确学习的目的性，让他们意识到学习更重要的是在未来的工作与生活中能够为自身、为他人、为社会提供正向、高效的支持，获得更大成就感，进而提升学生的学习热情和效果。

在课堂讨论问题的设计上，不仅是针对本章所学知识点提问，还鼓励学生勇于挑战西方传统理论的权威，要学会站在我们当下的时代背景中和现实的管理环境中去正视之前管理学者的理论与观点，要与时俱进，勇于承担国家未来发展大任，勇于创新。同时，还引导学生明白学习也不仅是为了成绩，还要将所学知识应用于社会主义建设事业，坚持初心与理想，努力学习专业知识，为建设现代化强国而奋斗，为千百年来中华民族伟大复兴的中国梦而努力拼搏。让讨论的问题更贴近时代背景与生活实际，激发学生的参与热情，让学生充分发表自己的观点，对自身能力与未来成长能够充满信心。

在授课过程中，会提到中国古籍中一些与激励相关的文献。比如，荀子认为，人生而有各种情欲，而人的情欲在其展示过程中又表现为不同层次的需要，这一观点要早于马斯洛需要层次理论两千年。这让学生认识到，虽然我们课上讲授的是西方管理学的内容，涉及的都是西方学者提出来的管理理论，但是我国历史悠久，中国管理哲学积累深厚，人们很早就已经在运用类似的思想与方法去进行管理，由此可以增强学生的民族自豪感与自信心。

四、教学反思

（一）成功之处

（1）导学是实现课堂教学效果的必要前提。课前进行纲领性引导，帮助学生了解课程整体设置、重要知识点分布、主要教学方法与手段等，便于学生进行有针对性的准备；课中进行内容性导学，线上布置预习、上课前发布内容提要、讲课中及时引导思维，帮助学生紧跟教学思路，在教学设计的框架下展开学习；课后进行补充性导学，帮助学生及时回顾课堂所学，进一步熟悉教学重点，切实掌握知识要点。

（2）"互动式"教学翻转课堂是实现教学效果的关键举措。强调教学互动并不仅是教学方法问题，更重要的是提高学生主动参与、主动思考、主动学习的积极性，进而从内心深处接受教学活动的各项要求，变被动学为主动学；翻转课堂要求学生在主动参与的基础上，通过课前自主预习提前熟悉教学内容，进而在课上转变身份角色，讲解剖析给其他学生，变听众为讲师；教学互动促进学生自主学习、相互学习，不仅提高了学生对知识的理解与把握，更促进其主动研究、分析，甚至实践，变知识为能力。

（3）案例教学是实现教学效果的重要补充。丰富的案例、事例和素材，是教学取得明显效果、深受学生欢迎的重要条件。注重典型案例教学运用，把典型案例事例作为课程设计的必要模块，通过案例剖析问题、剖解知识，辅助学生理解知识、把握理论；把重要事例素材作为课堂讲授的必要支撑，用事实说话，用事实讲理，辅助学生提高学习效果；把案例事例素材作为研究讨论的必要主题，让学生充分调研、充分查证、充分思辨，培养学生摆事实讲道理的能力素养。

（二）不足与改进措施

在本章教学中还存在一些不足，包括缺乏实践训练，线上辅助教学有所欠缺等。

（1）课堂上主要结合案例，通过互动讨论来加深学生对知识的认知与理解，但还是缺少实践操作，帮助学生深刻体会实际应用中可能会出现的问题，并寻求应对和解决问题的方法。

（2）线上资源的建设欠缺导致学生离开课堂后需要自己去选择学习资源，完成学习上的扩展与补充，不利于提高学习效率。

因此，在今后的课程建设与教学过程中，需要从以下两方面提升教学效果和质量。

（1）增加对现实问题的研讨。通过分小组，组成工作团队，构建具体的管理情境，设计紧跟时代步伐的管理问题，让学生通过讨论或是推演的方式，利用所学管理学知识加以解决，从而在实践过程中帮助学生加深体验，寻找问题并尝试解决。

（2）加强线上教学资源的建设与在线互动平台的维护。下一步将管理学课程参考书籍、思政材料、教辅资料、案例和试题等上传到网络，方便学生随时解决学习中遇到的问题，随时在线上资源中找到相应的辅助学习资料，随时发现问题、解决问题。同时，加强线上师生的互动，通过对课内外相关问题的讨论，帮助学生构建管理思维，随时为学生解惑答疑。

第六章 "经济学原理"课程思政典型案例

【课程基本情况】

"经济学原理"是高等院校经济学和管理学两大一级学科下属各专业的必修课程,是为培养和检验学生的经济学基本理论知识和应用能力而设置的一门重要的专业基础课程,是信息管理与信息系统、物流管理专业运用经济学理论分析社会经济现象的理论基础课程。"经济学原理"总学时数为48学时。本课程侧重理论教学,阐述的是关于我们周围的世界如何运行的理论,主要包括市场均衡理论、消费者选择理论、企业生产行为理论(企业在生产中的物质技术关系、企业在市场上如何做出供给决策)、要素市场理论等内容。通过本课程的学习,学生能够领会现代经济学的基本思想、基本概念与分析方法,培养对现实世界经济行为与经济现象的观察能力,训练经济学直觉,为进一步学习"计量经济学""时间序列分析"等专业课奠定理论基础。

课程思政需要深度融合经济学理论:一方面坚持用马克思主义立场、观点和方法分析问题,引导学生对西方经济学进行批判的吸收,以破除目前西方经济学占据经济学理论的主流、致使中国经济学教育的西化倾向越发明显的趋势;另一方面紧密联系中国特色社会主义的经济实践,和学生共同研究和分析中国经济问题,针对课程重难点和思政教育的结合点展开讨论,无痕融入思政内容。

本章分享两次课程的实践教案,以期带给大家一点启发,进一步探索思政典型案例的育人有效策略。

第一节 疫情突袭，稳价安民，共克时艰

一、课程思政教学整体设计思路

（一）总体思路

开展师生"互动式"教学，深度融合经济学理论与思政内容。

（1）坚持用马克思主义立场、观点和方法分析问题，引导学生对西方经济学进行批判的吸收，以破除目前西方经济学占据经济学理论的主流，致使中国经济学教育的西化倾向愈发明显的趋势。

（2）紧密联系中国特色社会主义的经济实践，和学生共同研究和分析中国经济问题，针对课程重难点和思政教育的结合点展开讨论，无痕融入思政内容。

（二）教学目标

1. 知识与技能目标

掌握经济学的基本概念、基本原理和基本分析方法，培养学生从经济学的视角理解我们周围世界是如何运行的，既包括我们周围的商业世界，也包括我们周围的非商业世界。

2. 思政教育目标

帮助学生正确认识经济学原理课程的重要意义，坚定经济理论学习的决心和信心；引导学生从理解我们周围世界是如何运行的过程中逐渐感受经济之美、科学之美。

二、课程思政教学方法及手段

本课程为线下教学课程。为了提高教学效果，辅助使用线上教学方式，主要利用南信大教育在线平台/超星学习通进行，结合中国大学慕课网，并利用QQ群开展课程辅助教学，如图6-1所示。南信大教育在线平台资源包括教学视频、PPT、知识点小结、常见问题解答、随堂测试、讨论题、单元测试和作业等。

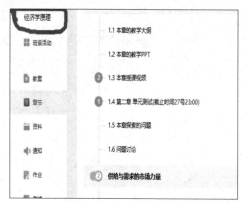

图 6-1　南信大教育在线平台与 QQ 群"经济学原理"

根据教学内容和教学主体的差异性，在课堂上引入设疑法、讨论法、引导法等教学方法，提升学生的主体性，激发其积极性和主动性。在引导中进行课程思政教育，实现价值导向与知识技能培育的统一。

教学手段重在实现教学资源多样化、实时化，教学组织合作化。注重教学过程评价，将课堂讨论、课后调研任务在课堂展示，均纳入平时成绩的考核范围。

为开阔学生的视野，给学生分享文献、视频等拓展材料，一方面帮助学生了解本专业的总体形势和现状，另一方面激发学生的学习热情。

三、教学过程

以"供给与需求的市场力量"章中的"市场均衡"一节为例。

（一）复习与引导

通过课前测验、设疑法和引导法，完成复习与引导。（8 分钟）
回顾需求与供给，具体内容如下。

1. 需求

1）需要（D）是什么？

需求（D）——其他条件不变时，特定价格下消费者愿意并且能够购买的商品数量。

经济学中需求定义的两个要素：有需求、有购买能力。

需求量与价格之间关系的表示：公式表示、图形表示、表格表示。

2）需求规律是什么？

一般而言，在其他条件不变时，消费者对商品的需求量与该商品的价格呈反方向变化（对正常商品而言）。

需求规律存在的原因：

（1）价格变化的替代效应——X价格上升：X相对于其他商品Y，X变贵；增加Y购买，替代X。

（2）价格变化的收入效应——X价格上升：收入购买力下降（变穷了）；减少X购买（也减少Y购买）。

3）需求规律的特例（例外）

（1）垂直的需求曲线——X的需求量与价格无关，需求对价格毫无弹性。

（2）水平的需求曲线——既定价格下，X的需求量是无限多的，需求对价格无限弹性。

（3）正斜率的需求曲线——X的需求量与价格正相关，价格越高，需求量反而越大。

4）影响需求量的其他因素

（1）消费者的偏好。

（2）消费者的收入水平。

（3）其他相关商品的价格。

（4）消费者预期。

（5）政府的政策。

5）需求的变动与需求量的变动

（1）由（自身）价格变动之外的其他因素引起的变动称为需求的变动。

（2）由（自身）价格变动引起的变动称为需求量的变动。

2. 供给

1）供给（S）的概念

供给（S）——特定价格下生产者愿意并且能够供给的商品数量。

经济学中供给定义的两个要素：有供给能力、有出售愿望。

供给量和价格之间关系的表示：公式表示、图形表示、表格表示。

2）供给规律

一般而言，在其他条件不变的情况下，商品的供给量与其价格呈正向关系变化称为供给规律。

供给规律的例外:

(1) 无限弹性——既定价格下,供给无限。

(2) 完全无弹性——无论价格如何变化,供给固定不变。

3) 影响供给量的其他因素

(1) 生产者的目标。

(2) 生产的技术水平。

(3) 生产成本。

(4) 生产者可生产的其他相关商品的价格。

(5) 生产者对未来的预期。

(6) 政府的政策因素。

4) 供给量的变动与供给的变动

(1) 由(自身)价格变动引起的变动,称为供给量的变动。

(2) 由价格以外的其他因素变动引起的变动,称为供给的变动。

教师边设问,边请同学们回答,对重点知识点着重强调。

(二) 课程内容讲授与互动

采用讲解法、设疑法、讨论法切入教材内容,讲授市场均衡。(30分钟)

1. 案例引入

对普通人而言钻石没什么作用,但钻石的价格为什么那么高?

对人们而言淡水绝不能少,但通常情况下水的价格很便宜,但在沙漠、泰山山顶等地方,淡水的价格变贵了,为什么?

20世纪末21世纪初的"大哥大",性能很差,但却很贵,动则万元以上;但如今的手机性能非常好,但却很便宜,三四千元就能买到非常好的手机,这是为什么?

这些引入案例,留给同学先思考,然后带着问题听讲解。

2. 均衡

(1) 均衡:指经济体系中一个特定的经济单位或者经济变量在一系列经济力量的相互制约下所达到的一种相对静止并保持不变的状态。

(2) 供求均衡:指供给与需求相等时商品数量和价格不再变动的状态。

(3) 供求均衡的变动。

如果 $S>D$,那么供过于求,导致产品价格下降。

如果 $S<D$,那么供不应求,导致产品价格上升。

3. 均衡价格和均衡数量

市场均衡分析图如图 6-2 所示。

均衡价格(P_E):供求相等时的价格。

均衡数量(Q_E):均衡价格下的供给量和需求量(二者相等)。

不均衡的情形:P_1——$S>D$;P_2——$S<D$

不均衡时,如何实现均衡:

(1) P_1: $S>D$ $P\downarrow$ $S\downarrow$ and $D\uparrow$ until $S=D$ at E。

(2) P_2: $S<D$ $P\uparrow$ $S\uparrow$ and $D\downarrow$ until $S=D$ at E。

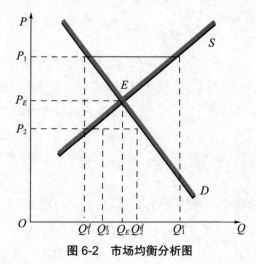

图 6-2 市场均衡分析图

4. 市场均衡的变动

分析步骤:

(1) 分析事件或政策影响需求面还是供给面,或者影响两者?

(2) 需求、供给如何变化?

(3) 需求变动对市场均衡产生什么样的影响?

结论如表 6-1 所示。

表 6-1 供求变化带来均衡变动的总结

指标	需求	供给	均衡价格	均衡数量
变化情况	增加	不变	增加	增加
	降低		降低	降低
	不变	增加	降低	增加
		降低	增加	降低

续表

指标	需求	供给	均衡价格	均衡数量
变化情况	增加	增加	不确定	增加
		降低	增加	不确定
	降低	增加	降低	不确定
		降低	不确定	降低

5. 案例分析

（1）请同学们用市场均衡理论回答引例中的问题。

①分析水的价格和钻石的价格，探讨价值悖论。

商品的市场价格，由需求与供给决定，与商品的价值无关。

②电话的性能在提高，但移动电话价格却下降，阐述原因。

技术进步的力量。技术进步导致供给成本下降，供给量增加。

（2）政府禁烟如何影响香烟的市场价格？政府宣传吸烟有害健康，如何影响香烟的市场价格？

答：政府禁烟影响供给，会使供给减少，供给向左移动，但需求不变，所以香烟价格上升；政府宣传吸烟有害健康，会使需求减少，需求向左移动，但供给不变，所以香烟价格下降。

同学们从这个例子中可以看到，"经济学原理"这门课程具有极大的社会意义。在市场均衡理论的作用下，政府采用不同的政策会产生不同的结果。由此可见，学习经济理论不仅有助于我们理解世界是如何运行的，更有助于我们依据经济理论，结合价值取向，采取有助于中国经济社会发展的方式方法，在发展的过程中少走弯路。

（3）2020年2月，疫情在很多地区出现。据悉，在美国，一个3M口罩的正常价格为5美元左右（约合人民币35元），而到2月底则涨至40-1000美元（约合人民币280.9-7021.4元）不等。这相当于，一个3M口罩的价格最高已经涨了200倍左右。而在我国，疫情初期，多地也曾惊现天价口罩，一个3M口罩卖到了50元，但物价迅速得以控制。2020年1月30日，北京市丰台区市场监管局开出了一份重磅罚单：一家药店将进价200元/盒的N95口罩卖到了850元/盒，被罚款300万元。这些天价口罩的出现，除了无良厂商的操纵外，体现了怎样的经济理论，应如何应对？请同学们结合所学知识进行分析。

答：除了无良厂商的操纵外，天价口罩的出现是由市场均衡理论决定的。2020年1月突发新冠疫情，随后惊现的天价口罩，是由口罩的需求和供给决定的。

需求方面：疫情防护的需要，消费者对口罩的需求增加；消费者对疫情的预期、不实信息的传播，消费者对口罩的需求增加。

供给方面：突发疫情，短期内口罩企业的生产能力无法迅速提升，供给有限；疫情突发在春节期间，生产线工人成本上升、物流成本上升等导致口罩生产成本大幅上升。

依据市场均衡理论，新冠疫情使需求大幅上升，而供给在短期内却无法得到提升，故出现天价口罩。

学生们从这个例子又一次看到，"经济学原理"这门课程具有极大的社会意义。对经济理论的认识多一分，对经济现象的把握就准确一些。对个人而言，有助于个人或者家庭生活水平的提升；对组织或者企业而言，有利于采取正确的经济决策；对国家而言，有益于制定恰当的政策维护市场稳定。所以，无须反复问自己该课程意义何在。

从那些不囤积消毒水、口罩等防疫物资，不囤积蔬菜、肉类等生活物资的人群中，我们可以读到所学知识的价值；从加大马力，全力以赴到生产线上的企业里，我们可以看到所学知识的应用；从广播、电视无处不在的宣传中，我们可以发现所学知识的意义。市场价格由需求和供给共同决定。疫情期间，人们居家生活、减少外出，消毒水、口罩等防疫物资的市场需求就会减少。企业积极扩大生产，消毒水、口罩等防疫物资的市场供给就会增加。政府依据市场均衡理论，积极引导个人和企业行为，可以有效调节需求急速增加与供给严重不足之间的矛盾。因此，现在最重要的是不断用知识武装自己，做明智理性的公民，为社会稳定、国家发展贡献自己微薄的力量。

（三）课堂小结

采用引导法和随堂测完成课堂小结。（6分钟）

带领同学们一起简要回顾均衡、市场均衡、均衡的变动。接着做3道测试题检验学生对本次课程内容的掌握状况。

（1）均衡价格是（　　　）。

A. 供给和需求相等时的价格

B. 固定不变的价格

C. 供给量和需求量相等时的价格

（2）当需求的增加幅度远大于供给增加幅度的时候，（　　）。

A. 均衡价格将提高，均衡交易量减少

B. 均衡价格和均衡交易量都将上升

C. 均衡价格将下降，均衡交易量将增加

D. 无法确定

（3）下列哪一项会导致粮食制品的均衡价格下降？（　　）

A. 鸡蛋价格的增加

B. 良好的气候条件

C. 牛奶价格的下降

D. 收入的下降

（四）课后提醒

课后作业与复习预习指导。（2分钟）

请同学们调研近两年发生的能用市场均衡理论进行解释的经济事件，制成简要的PPT文件。在南信大教育在线平台上完成本节的讨论和测试题等作业，旨在趁热打铁，促进学生对课堂所学融会贯通。

四、教学效果

通过课堂讨论、章节测验和课后作业等的表现情况发现，学生总体上能够较好地理解课程知识，并能够应用相关知识较好地理解市场均衡概念及其变动过程（图6-3）。此外，课程思政教育与经济学知识的讲授有机融合，提升了学生的学习热情，改善了学习效果。

在回顾经济学的发展历史后，引导学生回答"你觉得经济学重要吗？为什么？""经济学与管理学之间有什么关系"等问题，学生们积极参与讨论，课堂氛围活跃轻松。这一方面激发了学生对课程的兴趣，另一方面鼓励他们努力学习经济学知识。

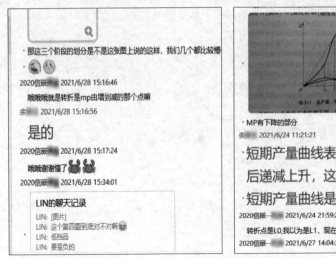
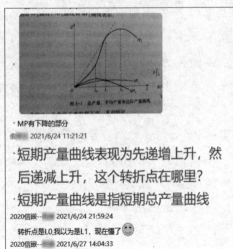

图 6-3　课后咨询

五、教学反思

（一）成功之处

（1）案例教学是本课程成功的重要方法，在理论知识阐述中，不断穿插大小案例，使同学能很好地理解知识点，以及知识点在实践中的应用。

（2）课堂引导是本课程实施过程中的又一重要方法，在引导中进行课程思政教育，实现价值导向与知识技能培育的统一。

（3）辅助线下教学手段，实现了线下线上优势互补，教学互动，课堂氛围轻松有趣。

（二）不足与改进措施

（1）案例选取既要放眼全球，也要聚焦中国经济问题，既要兼顾历史，也要充分把握当代，做到国外与国内对比、历史与现在对比，深入理解经济理论。

（2）课程设问时，学生响应不足，主动回答的学生较少，一般是随机选择学生进行回答。需要通过改善提问方式、优化学生成绩组成等多种途径提高学生的学习积极性。

（3）进一步优化线上教学资源，不断优化教学过程，改善教学效果。

第二节 调整消费结构，助力精准扶贫

一、课程思政基本情况

参考本章第一节相关内容。

二、教学过程

以课程第二部分"消费者选择"中的"消费者均衡"一节为例。

（一）复习与引导

通过课前测验、设疑法和引导法，完成复习与引导。（8分钟）

回顾效用理论、无差异曲线与预算约束线，具体内容如下。

1. 效用理论

（1）效用的含义。效用（utility，U）是指消费者从商品消费中获得的满足，是一个主观的感受。效用也是测度这种满足程度的单位，如同元、千克、千米一样。

（2）效用的大小。一种商品或服务效用的大小，取决于消费者的主观心理评价，由消费者欲望的强度所决定。

（3）总效用和边际效用。

总效用（total utility，TU）：在一定时期内，消费一定数量（quantity，Q）的商品，所获得的总满足程度。

边际效用（margianl utility，MU）：每增加一单位商品消费所获得的效应。其公式为

$$MU = \Delta TU(Q) / \Delta Q \tag{6-1}$$

总效用和边际效用两者之间可以用表格、图形进行表示。

边际效用递减规律：在一定时期内，随着消费者不断增加某种商品或服务的消费量，在其他商品或服务消费量不变的条件下，消费者从每增加一单位该商品或服务的消费中所获得的效用增加量是逐渐递减的。

（4）效应的测度——基数效用与序数效用。

基数效用论：满足程度是主观感受，不但能具体测度，还能排序、加总求和。

序数效用论：满足程度是主观感受，不能具体测度，更不能加总求和，只能排序。

（5）效用最大化。

消费者消费一种商品时，其公式为

$$\frac{MU}{P} = \lambda \tag{6-2}$$

消费者消费两种商品时，其公式为

$$\frac{MU_1}{P_1} = \frac{MU_2}{P_2} = \lambda \tag{6-3}$$

$$P_1Q_1 + P_2Q_2 = m \tag{6-4}$$

消费者消费多种商品时，其公式为

$$\frac{MU_1}{P_1} = \frac{MU_2}{P_2} = \cdots = \frac{MU_n}{P_n} = \lambda \tag{6-5}$$

$$P_1Q_1 + P_2Q_2 + \cdots + P_nQ_n = m \tag{6-6}$$

2. 无差异曲线

（1）定义。

无差异曲线是指在一个坐标系里表示能够给消费者带来相同满足的各种消费组合的点的轨迹。

（2）特点。

无差异曲线有无穷多条。

离原点越远的无差异曲线代表越高的效用。

任意两条无差异曲线不相交。

无差异曲线向右下方倾斜。

无差异曲线凸向原点。

无差异曲线的倾斜程度反映了消费者的相对偏好。

（3）边际替代率及其递减规律。

边际替代率是指在消费者的满足或者效用保持不变的前提下，用一个商品替代另一个商品的比例。

边际替代率递减规律是指在保持效用水平不变的条件下，随着一种商品消费数量的增加，消费者增加一单位该商品的消费而愿意放弃的另外一种商品的消费数量逐渐减少。

3. 预算约束线

1）含义

消费者的预算约束方程（$P_1Q_1+P_2Q_2=m$），也称预算约束线（I_{AB}），表示在收入和商品价格既定的条件下，消费者用全部收入所能购买到的各种商品的不同数量的组合。

2）引起预算约束线变动的因素

（1）收入（m）变动，两种商品的价格（P_1，P_2）保持不变：预算约束线的斜率不变，会发生平行移动。

（2）第一种商品价格变动，消费者的收入和第二种商品的价格保持不变：B 点不会发生改变，预算约束线将围绕 B 点旋转，如图 6-4 所示。

（3）收入和价格同时变动：消费者的预算约束线既可能发生平行移动，也可能出现旋转。

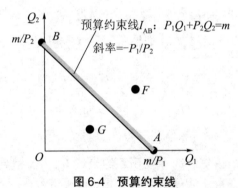

图 6-4　预算约束线

4. 测试

（1）判断：预算约束线表明了稀缺性对人们消费活动的影响。（　　）

（2）在新年晚会上，一个不喝白酒但喜欢巧克力的员工选择白酒而不是巧克力作为自己的新年礼物，根据效用与偏好的理论，这可能是因为（　　）。

A. 她从喝白酒中获得的效用大于巧克力

B. 她对白酒的偏好大过巧克力，尽管白酒的效用要小一些

C. 她不知道如何做出选择

D. 她并不是在进行消费决策，而是关心礼物的价值

（3）如果两个商品的价格与收入都发生了同方向同比例的增加，那么预算约束线将（　　）。

A. 向外移动　　　　　　　　　　B. 向内移动

C. 保持在原来位置不变　　　　　　D. 旋转移动

(二) 课程内容讲授与互动

采用讲解法、设疑法、讨论法切入教材内容,讲授消费者均衡理论。(30分钟)

1. 案例引入

假如你来自贫穷、落后的农村,大学毕业后,你积累的第一笔钱是准备在家乡为你父母建一幢崭新的漂亮的小楼,还是准备先买一辆车开,或者是向亲朋好友借些钱,在城里力所能及地买一个自己的房子,不管大小新旧……

如果你来自富裕的城市家庭,父母拥有他们自己的住房,大学毕业后,你赚的钱准备怎么消费?做月光族,想吃就吃、想喝就喝,吃光用光刚刚好;还是胡吃海喝,无所规划,没钱就张口问父母要钱;或者积极规划自己的工资、消费、投资、存蓄,为今后的继续深造学习、养家等积累资本……

上述是个人的消费选择问题,在面对这些问题时,消费者是如何进行选择的呢?将问题留给学生先思考,让他们带着问题听讲。

2. 消费者均衡

1) 消费者均衡的决定

在收入和商品价格既定的条件下,理性的消费者试图选择使自身效用最大的商品的最优数量组合。

如图 6-5 所示,当消费者选择在预算约束线 I_{AB} 与无差异切点 E 点消费时,可以在现有收入约束条件下实现效用最大化。

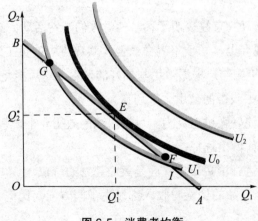

图 6-5　消费者均衡

消费者均衡的条件(两种形式):

条件 A：$MRS_{12}=-P_1/P_2$；$MRS_{12}=-MU_1/MU_2$

条件 B：$MU_1/P_1=MU_2/P_2$

2）收入变动对消费者均衡的影响

（1）收入-消费扩展线。对于不同收入水平的预算约束线，消费者会分别选择效用最大化的消费数量组合，将这些均衡点描绘出一条曲线，即收入-消费拓展线（M）。

（2）收入-消费扩展线的三种情形。

①向右上方倾斜的直线：消费者的收入扩展线是一条向右上方倾斜的直线，表明消费者消费的两种商品都是正常商品，随着收入的增加，消费者同比例扩大两种商品的消费数量，如图6-6所示。

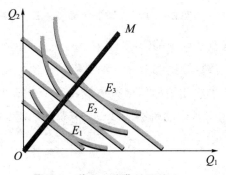

图6-6　收入-消费扩展线之一

②向右上方倾斜，越来越陡峭：表明随着收入的增加，第二种商品消费数量的增长速度更快，所以第一种商品是必需品，第二种商品是一种奢侈品，如图6-7所示。

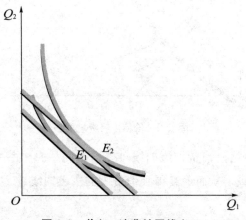

图6-7　收入-消费扩展线之二

③向后弯曲：收入扩展线呈现向后弯曲的形状。这说明随着收入的增加，当收入增加到一定程度之后，第一种商品的消费量不仅不增加，反而会减少。当超过某一收入水平之后，第一种商品成为一种低档品，如图6-8所示。

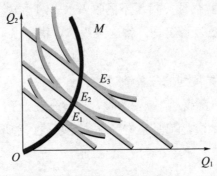

图6-8 收入-消费扩展线之三

3）价格变动对消费者均衡的影响

（1）价格变化，预算约束线变化，消费者均衡也变化。

（2）价格-消费扩展线简称价格扩展线，表示在消费者收入和其他商品价格不变的条件下，随着一种商品价格的变动，消费者均衡点变动的轨迹，如图6-9所示。

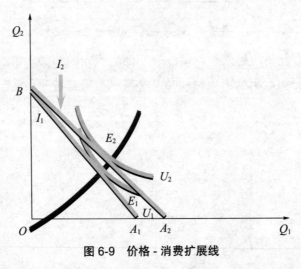

图6-9 价格-消费扩展线

（3）借助于价格-消费扩展曲线可以得出商品的一系列可能的价格与相应的需求量之间的关系，从而最终得到消费者的需求曲线。

3. 案例分析

（1）请同学们用消费者均衡理论回答引例中的问题。

大学毕业后,你积累的第一笔钱怎么消费?第一,受预算约束线的控制,即消费的商品数量与价格的积小于积累的第一笔钱;第二,不同的商品带给消费者的满足要最大化。两者结合起来,进行消费选择。

(2)在中国实施精准扶贫政策的过程中,许多贫困地区的农民通过政府的支持和发展特色产业实现了收入增长。然而,受长期贫困的影响,部分农民形成了较为保守的消费习惯,倾向于将大部分新增收入用于储蓄或偿还债务,而非改善生活质量和投资未来(如教育、健康等)。政府实施精准扶贫后,随着收入的增加,农民面临如何重新分配新增收入的问题。根据效用最大化理论,他们会倾向于将钱花在那些能带来最大边际效用的商品和服务上。

但在长期贫困的背景下,农民可能对风险持有较高的敏感度,倾向于选择更为安全的消费和储蓄模式。根据边际效用递减规律,随着某一商品或服务消费量的增加,每一额外单位所带来的满足感逐渐减少。对于这些农民来说,储蓄或偿还债务被视为一种低风险的选择,即使这些行为带来的直接效用较低(如当前生活改善有限),但它们提供了未来的安全感,减少了不确定性。

另外,农民倾向于将收入用于储蓄或偿还债务也反映了他们的时间偏好问题。如果一个家庭对未来感到不确定,可能会赋予未来收益更低的权重,更愿意现在就消除债务负担或者积累应急资金,而不是投资于教育或健康等长期回报项目。这种倾向可以被理解为高时间贴现率,即更看重即时的利益而非未来的潜在收益。

而且,对于贫困家庭而言,新增收入虽然增加了预算约束线的范围,但他们仍需面对资源分配的机会成本问题。将钱花在储蓄或还债上意味着放弃了其他可能带来长期效益的投资机会。然而,在缺乏足够信息和支持的情况下,农民可能无法准确评估这些投资的真实价值,从而选择了看似更为"稳妥"的选项。

有效的引导策略包括:①教育与分享。通过开展针对农村地区的经济理论与知识讲座和培训班,帮助农民了解不同的理财方式及其利弊,增强他们对学习与投资的理解和信心;邀请成功转型的农户或企业家讲述自己的经历,展示如何通过合理规划实现生活质量提升和个人发展,进而激发更多人的模仿欲望。②提升公共服务水平。加强农村地区教育、医疗等公共设施建设和人员配备,确保即使是在偏远地区也能享受到高质量的服务,消除农民对未来的担忧;构建线上线下相结合的信息服务平台,及时发布市场动态、政策解读等内容,帮助农民更好地把握商机和发展方向。③政策支持。政府可以进一步完善小额信贷政策,降低贷款门槛并提供优惠利率,鼓励农民利用低成本资金进行生产性投资;设立专项基金,对积极参与职业教育、农业技术培训以及子女教育的家庭给予适当的补助或奖励,减轻他们的经济压力等。

通过上述措施,可以在一定程度上调整农民的消费观念,引导他们更加理性地对待新增收入,既注重眼前利益又兼顾长远发展,最终实现个人和社会的双赢局面。

现代的大学生应做到:①培养理性消费观念。引导学生理解边际效用递减规律,合理分配收入,避免过度集中在某一类消费上是非常重要的。强调社会主义核心价值观中的"文明""和谐",鼓励学生树立科学、合理的消费观,追求物质与精神生活的平衡发展。②考量长远利益。讲解时间偏好理论,帮助学生认识到今天的小额投资(如子女教育、预防性医疗保健等)可能会在未来带来更大的回报。弘扬中华民族重视教育的传统美德,倡导为下一代创造更好条件的社会责任感。③强化社会责任意识。分析政府提供的各种补贴政策(如农业直补、生态补偿等),说明这些措施旨在促进公平竞争环境,让所有的社会成员都能享受到经济发展成果。展现中国特色社会主义制度的优越性,即全民共同富裕的目标;同时传递爱心奉献的精神,让学生认识到每个人都可以成为改变的力量。④了解可持续发展理念。讨论绿色消费的重要性,特别是在贫困地区推广环保型农业生产和生活方式的意义,培养学生保护自然环境的责任感,促进人与自然和谐共生。

(三)课堂小结

采用引导法和随堂测完成课堂小结。(6分钟)

带领同学们一起简要回顾消费者均衡,以及价格和收入对消费者均衡的影响,接着做2道测试题。

假设消费者只消费两类产品,消费量分别用 X 和 Y 表示,其效用函数 $U=XY$(这表明 X 的边际效用等于 Y,而 Y 的边际效用等于 X),X 和 Y 的单价价格分别为10元和20元,用于消费两类产品的可支配收入为1 000元,则

(1)消费者的最佳消费分配方案为( )。

A. $X=50$,$Y=25$ B. $X=40$,$Y=30$

C. $X=60$,$Y=20$ D. $X=20$,$Y=40$

(2)在什么情形下,消费者会全部选择购买 X ?

A. 这不可能发生

B. 如果 X 的价格极其低

C. 如果两个商品是完全互补的

D. 如果两个商品是完全替代的，且 X 的价格足够低

（四）课后提醒

课后作业与复习预习指导。（2分钟）

请同学们调研近两年发生的能用消费者均衡理论进行解释的经济事件，制成简要的 PPT 文件。在南信大教育在线平台上完成本节的讨论和测试题等作业，旨在趁热打铁，促进学生对课堂所学融会贯通。

三、教学效果

通过课堂讨论、章节测验和课后作业等的表现情况发现，学生总体上能够较好地理解课程知识，并能够应用相关知识较好地理解消费者均衡概念及其变动过程。此外，课程思政教育与经济学知识的讲授有机融合，提升了学生的学习热情，改善了学习效果。

在回顾经济学的发展历史后，引导学生回答"你觉得经济学重要吗？为什么？""经济学与管理学之间有什么关系"等问题，学生们积极参与讨论，课堂氛围活跃轻松。这一方面激发了学生对课程的兴趣，另一方面鼓励他们努力学习经济学知识。

四、教学反思

（一）成功之处

（1）案例教学是本课程成功的重要方法，在理论知识阐述中，不断穿插大小案例，使同学能很好地理解知识点，以及知识点在实践中的应用。

（2）课堂引导是本课程实施过程中的又一重要方法，在引导中进行课程思政教育，实现价值导向与知识技能培育的统一。

（3）辅助线下教学手段，实现了线下线上优势互补，教学互动，课堂氛围轻松有趣。

（二）存在的不足与改进措施

（1）案例选取既要放眼全球，也要聚焦中国经济问题，既要兼顾历史，也要充分把握当代，做到国外与国内对比、历史与现在对比，深入理解经济理论。

（2）课程设问时，学生响应不足，主动回答的学生较少，一般是随机选择学生进行回答。需要通过改善提问方式、优化学生成绩组成等多种途径提高学生的学习积极性。

（3）进一步优化线上教学资源，不断优化教学过程，改善教学效果。

第七章 "统计学"课程思政典型案例

"统计学"是高等院校经济管理类本科专业学生的主干课程之一。该课程侧重于理论与实际相结合式教学,内容涵盖统计数据的收集、整理和分析,目的是使学生掌握统计学的基本知识和方法,巩固和加深对统计学常用重要理论的理解与应用,为学生将来从事专业统计工作、经济金融分析、商务咨询与市场调查服务、大数据分析与决策,以及其他公共服务等工作提供理论与实践支持。

南信大管理工程学院"统计学"课程组展开了持续的教学创新活动,教学创新包括实践创新、授课对象与授课语言创新、授课形式创新、思政融合创新。

本章精选"统计学"按授课语言分类(中文课程、中英双语课程)的两次课程教案,以期给读者一点启发。

第一节 统计指数,一起来看脱贫攻坚在行动

一、课程基本情况

课程名称:统计学。

"统计学"是高等院校经济管理类本科专业学生的主干课程之一,总学时数为48学时。该课程侧重于理论与实际相结合式教学,内容涵盖统计数据的收集、整理和分析,目的是使学生掌握统计学的基本知识和方法,巩固和加深对统计学常用重要理论的理解与应用,为学生将来从事专业统计工作、经济金融分析、商务咨询与市场调查服务、大数据分析与决策,以及其他公共服务等工作提供理论与实践支持。通过本课程的系统学习,学生能够运用所学理论知识并结合相关统计软件的操作,完成对统计资料的收集、整理和分析工作,提高

对国内外社会经济问题的数量分析能力。更为重要的是，在让学生们感受统计之美的同时，培养他们统计学的分析思维，了解我国的基本国情，融入思政案例用事实用数据，激发他们的爱国主义情怀，帮助学生塑造正确积极的人生观和价值观，用严谨的教风、认真的态度、强烈的责任心感染学生，教导学生做人立志。

授课对象： 金融工程专业 2019 级 3 班。

使用教材： 贾俊平，何晓群，金勇进，编著，《统计学（第 7 版）》，中国人民大学出版社，2018 年版。

二、课程思政教学整体设计思路

（一）总体思路

本课程基于成果导向教育（out comes-based education，OBE）教育理念，参照毕业时学生应达到的能力和水平设计课程体系、师资队伍、教学内容、教学方式和教学评价等，形成由线上自主学习、线下课堂讨论和教学结果反馈等环节构成的线上线下混合式课程教学体系。

本课程已提前将理论教学视频、课件文档、拓展资料（包括理论知识、上机实验操作、思政案例）、试题库等内容上传至线上资源库。学生需要在课前线上观看对应章节的教学视频，借助线上的课件文档以及拓展资料阅读进行辅助学习，实现线上知识点的自主预习。在实际课堂教学过程中，主讲教师通过在课堂上使用超星学习通软件，采用问题导向学习（problem-based learning，PBL）教学法，激发学生的主观能动性，系统化地帮助学生对知识点进行汇总整理，并适时结合案例分析进行重点难点剖析，最后以课堂小测验的形式了解学生对知识点的整体掌握情况，并将思政元素以阅读材料的形式融入课堂讨论，鼓励学生关心社会问题和国家发展，主动参与社会实践。对于课程思政部分，重点强调以下三方面。

（1）引导学生了解我国政府在制定相关政策时均基于大量的统计工作，理解政府部门"以人为本、民生为重"的执政理念。通过案例背景的介绍，引导学生思考政府相关机构是如何利用统计技术实现对社会经济问题的量化？推行的具体政策措施又是通过何种机制达到解决问题的目的？通过这种引导，增加对国家、政府、制度的信任。

（2）向学生不断传递实事求是、工作严谨、遵章守纪、数据求真求准的统计素养。由于在实际工作中，决策者都是通过统计数据来决定有关政府政策、企业战略或科研结论的，一旦统计过程中出现一丁点失误，都有可能造成决策的失误，这不仅影响着社会的稳定发展，更关系到人民的切实利益和人类进步。因此，在教学过程中要强调严谨求实的工作作风，时刻要求学生戒骄戒躁，谨记细节决定成败，培养学生严谨、踏实、认真、细腻的科学精神。

（3）将我国改革开放的伟大成就融入案例教学，通过案例展示让学生了解我国社会经济发展的伟大历程和错综复杂的国际局势，尤其在大数据背景下建立学生的学科自信，鼓励学生积极迎接新的挑战与机遇，不断自查并努力提升专业素质，树立努力求学的理念，成为合格的社会主义接班人。

（二）教学目标

1）知识与技能目标

（1）能对指数的基本概念进行解释、对指数的分类进行简要概述以及能清晰指出指数编制中需要注意的问题。

（2）能归纳总结出总指数的编制方法，做到正确且迅速地计算拉氏指数和帕氏指数。

（3）在能提供消费者价格指数的内涵及必要解释的基础上，举一反三，能列举出实际中常用的几种价格指数。

（4）能说出多指标综合评价指数的构建并能列举出几个实际应用。

2）思政教育目标

（1）能进行团队合作并完成任务。

（2）能以一种公正的批判性思维来评价现实中的统计指数的构建，形成自己独立的价值观。

（3）能理论联系实际，关心国家发生的大事，感受党对全国人民的关怀，激发爱国主义情怀。

三、课程思政教学方法及手段

本次教学活动始终贯穿线上线下混合式教学理念，要求学生课前利用线上资源预习本章节的知识内容，线下借助"一平三端"智慧教学工具，以翻转课堂的模式将教与学相结合，以PBL教学法实现"教师问，学生答"的互动形式，从而实现学生对知识点的掌握与理解。

（一）教学形式

（1）多维立体式教学。基于OBE教育理念，采用线上线下混合式教学模式，其中线下采用翻转课堂的教学模式，以PBL教学法提升课程的高阶性、创新性和挑战度，激发学生的创新能力。

（2）思政元素融入案例分析。选用与专业课有关的案例导入课堂讨论环节，启发学生将理论与实际相结合，让学生注意观察身边的统计学，边学边练，关心社会问题和国家发展。例如，在国家精准扶贫政策的指引下，某贫困县通过一系列措施实现了显著的减贫成效。为了科学评估这些措施的效果，并为未来的持续发展提供数据支持，该县决定引入先进的统计学方法来编制本地贫困指数。贫困指数不仅是衡量一个地区或群体贫困状况的重要工具，更是制定有效扶贫政策的基础。

（3）多角度教学评价体系。针对传统教学环境下学生"上课不听，考前预习"的痛点，通过"线上线下混合式"教学改革，以任务驱动式教学方法，结合翻转课堂的模式，提高"自学""课堂互动"与"学生自评、生生互评"在课程学习评价中的比例，从而让学生转变学习态度，增强学生学习的主观能动性，体悟如何为人处世的道理。

（二）教学流程与方法

本课程的教学流程如图7-1所示。

前置学习主要是利用多种线上教学工具，实现自主学习。通过超星学习通平台提前发布学习任务，要求学生自主学习第11章"指数分析"中的第11.1节"基本问题"、第11.2节"总指数的编制方法"和第11.3节"指数体系"的知识点，使学生初步构建指数的有关概念与知识框架，为课堂教学做好准备。此外，要求学生持续关注国家与地方统计局官方网站发布的统计数据与统计公报，帮助学生提高对数据的敏感性，让他们逐渐养成统计学意识，用科学的统计学思维看待身边的社会经济问题，培养经济统计分析的职业认同感与责任感。

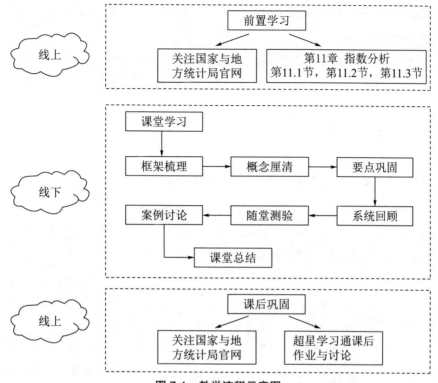

图 7-1 教学流程示意图

本次线下教学活动开始前,教师首先登录超星学习通软件,查看学生上节课的课后作业完成情况,并有针对性地进行点评;随后了解课前视频观看情况以及时掌握学情。课程正式开始后,以"教师问,学生答"的互动形式展开,通过翻转课堂的教学模式,让学生主动说出自己通过线上自主学习掌握的知识点,教师以板书的形式将学生说出的知识点进行汇总整理,并以思维导图的形式展现给同学们;随后,教师依据思维导图,针对知识框架中的每一个具体知识点进行详细阐述,并穿插指数编制中的相关例题计算,借助超星学习通的互动功能,让学生在活跃的气氛中激发学习兴趣,边学边练,教师也适时启发学生列举自己身边的事例并尝试对相近的知识点进行比较分析,从而加深对知识重点难点的理解与掌握。

在课程的后半部分,教师结合板书上的思维导图再次与学生一起对本章节的知识框架进行梳理,随后进行一个随堂小测验,及时了解学生对本章节知识重点难点的掌握情况。在此基础上,导入思政案例,让同学们深刻认识到我党打赢脱贫攻坚战的伟大意义,激发他们的爱国主义情怀。进一步地,根据材料信息,启发学生以小组讨论的模式自主探究关于贫困指数编制中的拓展研究,鼓励他们进行跨学科的知识融合，做到活学活用，从而实现个人知识技能和素质能力的提升。

课后要求同学们继续关注国家与地方统计局官方网站，并完成超星学习通平台上发布的学习任务，最大化地实现知识点的巩固与强化。

四、教学过程

本节以"统计指数"为例进行详细说明，如表 7-1 所示。

表 7-1 "统计指数"课程思政的教学过程表

教学环节	时间	教学过程设计	设计意图
前置学习	课前一周	**超星平台教学视频：** 要求学生自主学习第 11 章"指数分析"中的第 11.1 节"基本问题"、第 11.2 节"总指数的编制方法"和第 11.3 节"指数体系"的内容，使学生初步构建指数的有关概念与知识框架 **其他资源：** 要求学生持续关注国家与地方统计局官方网站发布的统计数据与统计公报	利用线上平台发布教学内容，可打破传统课堂教学模式下的时空局限性，鼓励学生课前自主学习，课后温故知新。持续关注国家与地方统计局官方网站，能帮助学生提高对数据的敏感性，让他们逐渐养成统计学意识
框架梳理 师生互动	10 分钟	**教学内容：**指数章节知识框架的整理 利用超星学习通的互动功能，鼓励学生主动分享课前预习的知识点和学习体会，同时将学生所言进行汇总整理，以板书的形式将指数章节的知识脉络进行梳理，形成思维导图	掌握学生自主学习情况，引导学生将零碎的知识点系统化，帮助他们逐渐养成构建知识体系的习惯与思维，为后面知识要点难点的展开剖析作铺垫
概念厘清 师生互动	15 分钟	**教学内容：**指数的基本概念、分类与指数编制中需要注意的问题 结合思维导图，针对指数的基本概念，借助"学习通"互动功能，鼓励学生罗列出身边的指数，并以同学们熟知的零售价格指数和居民消费价格指数为例，重点强调指数概念中的两个关键点。 针对指数的分类，借助"学习通"互动功能，引导学生通过举例的方式对个体指数与总指数、数量指标指数和质量指标指数、简单指数和加权指数进行区分。 通过对指数内涵的归纳，引导学生发现指数编制中需要注意的问题，激发他们对指数编制的思考	掌握学生在指数基本概念方面的预习情况，以便进行精准教学。同时，培养学生积极主动感受生活中的统计学，激发学习兴趣。为重点内容——指数编制方法的讨论作铺垫

续表

教学环节	时间	教学过程设计	设计意图
要点巩固师生互动边讲边练	10分钟	**教学内容一**：简单指数编制方法的讨论 借助"学习通"互动功能，鼓励学生上台展示数量指标指数和质量指标指数分别在简单综合指数和简单平均指数算法下的表达式，并对算式进行简单介绍。结合例题，让学生加深对不同算式的理解与记忆，诱导他们主动探究简单平均指数和简单综合指数算法的优缺点，并由此引出对后续加权指数编制方法学习的必要性	掌握学生对简单指数编制方法的预习情况，以便进行精准教学。通过将数量指标指数和质量指标指数的简单综合指数和简单平均指数的表达式绘制在同一张表格中，帮助学生发现它们之间的联系，有利于加深理解与记忆。同时，引导学生发现简单指数的缺陷，为加权指数编制方法的讨论做铺垫
	10分钟	**教学内容二**：加权综合指数编制方法的讨论 借助"学习通"互动功能，鼓励学生上台展示数量指标指数和质量指标指数分别在加权综合指数算法下拉氏和帕氏算法的表达式，并对算式进行简单介绍和对比分析。结合例题，让学生加深对拉氏和帕氏算法在加权综合指数算法下的应用，并提醒他们权数时期的选择主要取决于编制的目的以及所要说明的问题，需要具体问题具体分析	掌握学生在加权综合指数编制方法的预习情况，以便进行精准教学。通过将数量指标指数和质量指标指数的拉氏加权综合指数和帕氏加权综合指数的表达式绘制在同一张表格中，帮助学生发现它们之间的联系，有利于加深理解与记忆。同时，向学生强调具体问题具体分析的重要思想，坚持辩证唯物主义认识论
	10分钟	**教学内容三**：加权平均指数编制方法的讨论 借助超星学习通的互动功能，鼓励学生上台展示数量指数和质量指数分别在加权算术平均和加权调和平均算法下的表达式，诱导学生发现其与拉氏、帕氏加权综合指数的联系，认识到加权综合指数与加权平均指数在实际应用中的权衡取舍。结合例题，让学生加深对加权算术平均指数和加权调和平均指数的应用	掌握学生在加权平均指数编制方法的预习情况，以便进行精准教学。通过将数量指标指数和质量指标指数的加权算术平均指数和加权调和平均指数的表达式绘制在同一张表格中，帮助学生发现它们之间以及加权综合指数与加权平均指数之间的联系，有利于加深对不同指数编制方法的理解与记忆
系统回顾	5分钟	**教学内容**：对照思维导图回顾知识体系，对照板书上的思维导图重新梳理指数章节的知识要点，重点强调指数的定义与分类、拉氏与帕氏加权综合指数的编制方法	对重难点反复强调，加深学生对抽象理论知识的理解，强化学习效果，帮助他们构建自己的知识体系框架。培养学生以一种公正的批判性思维来评价现实中的统计指数的构建，形成自己独立的价值观

续表

教学环节	时间	教学过程设计	设计意图
随堂测试	10分钟	**教学内容**：随堂小测验 借助"学习通"互动功能，检验学生对本章节重点、难点的掌握情况	掌握学生本次教学活动的知识掌握情况，发现学生的知识漏洞，方便及时查漏补缺
案例讨论 师生互动 生生互动	17分钟	**教学内容**：思政案例的导入与讨论 围绕我国脱贫攻坚主题，导入《新闻联播》相关介绍和文字材料，要求同学们结合思政案例通过自行搜索信息对贫困指数的编制进行分组讨论，重点引导学生关注指数数据背后的故事，鼓励他们利用信息化手段去获取信息并进行分析处理，激发学生积极思考并勇于展现自己的潜能	生生互动强化团队合作意识。师生互动挖掘学生的创新潜能。思政案例的导入有助于启发学生将理论与实际相结合，注意观察身边的统计学，看到在中国共产党领导下我们国家发生的巨大变化，从而加深他们对实现"中国梦"进程中砥砺奋进成果的感受，激发爱国主义情怀
课堂总结	3分钟	**教学内容**：布置作业 **线上作业**：完成超星学习通课后作业，根据自身情况选择性地观看本章节视频内容；持续关注国家与地方统计局发布的实时信息 **期末寄语**：学无止境，享受统计之美，感受实践是检验真理的唯一标准	课后巩固练习，温故而知新。劝诫学生要有敬畏之心，静心学习，强调理论用于实践的重要意义

五、教学效果

本次课程采用线上线下混合式的教学方式，同学们课前在超星学习通平台已通过教学视频完成了指数分析"基本问题""总指数的编制方法"和"指数体系"三个知识点的学习，教学视频涉及内容都是本章节的精华部分，学生可以灵活利用碎片化时间通过手机或电脑客户端自主学习，对于不理解的地方还可以在讨论区与老师或其他学习伙伴进行互动交流。在这种模式下，同学们的学习兴趣有了明显提升，学习效率大大提高。此外，要求学生持续关注国家与地方统计局官方网站发布的统计数据与统计公报，有助于帮助学生提高对数据的敏感性，让他们逐渐养成统计学意识，用科学的统计学思维看待身边的社会经济问题，培养他们对于经济统计分析的职业认同感与责任感。

在线下课堂教学过程中，以任务驱动式教学方法，结合翻转课堂的模式，充分利用"一平三端"，实现移动端、管理端与教室端的整合，将课堂智慧化。在课堂中适时通过话题导入引发学生学习兴趣，让他们意识到统计学无处不在，所学即可用，从而激发学生主动学习的热情。通过创设多种交互方式，如利用学习通软件的选人、投票、抢答等功能，活跃课堂气氛，帮助学生参与讨论，尤其是在课程开始时辅助学生绘制思维导图，对本章节的知识脉络进行梳理，并运用板书进行对比记忆，巩固了学习效果。此外，随堂小测验的安排能够帮助教师实时分析反馈数据，充分了解学情，为精准教学奠定了良好基础。最后，选用与专业课有关的案例导入课堂讨论环节，有助于启发学生理论与实际相结合，鼓励他们跨学科知识融合，做到活学活用，让同学们在感受统计之美的同时，了解我国的基本国情，激发他们的爱国主义情怀，从而实现个人知识技能和素质能力的提升。

上述案例将统计学中的指数编制知识点与贫困指数的实际应用紧密结合，既加深了学生对专业课程的理解，又引导他们关注国家和社会的发展需求，激发他们为公益服务的热情。通过这种方式，学生不仅能掌握科学的研究方法，还能树立正确的世界观、人生观和价值观。

第二节 共倡绿色环保，推进垃圾分类

一、课程基本情况

课程名称：统计学（双语）。

统计学是一门研究收集、处理、分析数据的方法论学科，在传统教学中常常是学生最头疼、同时也是考试后知识忘记最快的学科，是常规教学痛点反映最突出的教学科目之一。随着高素质应用型人才培养目标要求的明确，该课程培养目标也实时更新为知识目标、能力目标和素养目标三个方面。课程特点：理论与实践结合，强调统计学知识的深化理解以及在经济管理领域的应用，线上线下混合式教学，中英双语授课，依托技能竞赛项目的任务导向型实践教学，以期实现多种教学创新理念，着力培养具备国际化视野的高素质应用型人才。

授课对象：经管学科本科专业二年级，学生及班级需要符合以下特点。

（1）英语基础普遍较好，相关数学类及经济类专业基础课已完成，对"线上全英文视频及辅助资料学习＋线下双语互动课堂"的教学模式接受程度较高。

（2）看重课程对自身提出问题、分析问题和解决问题能力的培养，对关键理论的理解和应用分析方面，希望教师能依托现实背景有层次地展开讲解。

（3）班级规模较小，比较适合分团队展开竞赛项目式实践教学。

使用教材：詹姆斯·麦克拉夫，乔治·本森，特里·辛西奇著，《商务与经济统计学（英文版·第12版）》，中国人民大学出版社，2017年版。

二、课程思政教学整体设计思路

（一）总体思路

教育部及各行业协会每年都会组织各类技能竞赛，以"全国大学生市场调查与分析大赛"为例，赛事宗旨为引导大学生创新和实践，立足本地、放眼全球，提高学生组织策划、调查分析和项目实施等专业实战能力，是引领"统计学"课程任务导向型教学的绝佳立足点。本案例以"假设检验"实践课程为例，展示思政课程设计的总体思路。

"假设检验"是非常重要的知识点，在本课程结构中位置靠后，却也是各类中高级定量分析方法的理论基础，教学中的常见问题是以"填鸭式"理论教学为主，以习题式实践应用为辅，导致教学效果有限。本次课程教案应用于线上线下混合式教学模式下的线下实践教学环节，在理论知识课程学习和前期监督学生完成线上预习内容（依托技能竞赛的项目研究视频、问卷及数据预分析）的前提下，借助信息化教学平台手段，采用"任务导向型"启发式教学模式串联起课程整体内容的应用，完成实践教学，有助于激发学生学习兴趣，实现较好的学习效果。依托技能竞赛，选取社会热点问题，将"居民垃圾分类参与意向调研"项目化并引入教学，不但有助于提升学生对理论知识的理解，还能培养学生的社会责任感、市场敏锐度和团队协作精神。

本次课程依托这一背景展开，共分为以下5个阶段：

（1）从大学生技能竞赛入手，引出依托竞赛的项目分析重点和意义。

（2）借助优秀参赛项目，明确项目分析结构，对照课程理论和实践内容，启发学生思考。

（3）选择社会热点以及有思政意义的话题，提炼项目中与课程知识的对照部分，采用课堂测试等信息化手段鼓励学生全程参与。

（4）明确分组任务，鼓励学生讨论并实时提交分析结果。

（5）借助教学平台实时分享各组分析结果，总结并就项目进一步进行展开展望。

本次课程教案设计基于学情分析展开，基于社会热点垃圾分类情况的调研，不但可以积极调动学生们的学习兴趣，围绕"学为中心"，还在"严肃+活泼"的学习氛围中充分体现了课程思政元素。

（二）教学目标

（1）知识技能目标（知识）。基于项目报告结构串联相关课程关键内容，加深对研究背景调研、调查方案设计、描述统计分析、推断统计分析核心知识应用的理解；掌握中英文语言背景下两总体均值差 t 检验的核心假设及应用实现步骤；掌握基于项目背景的统计分析结论的生成。

（2）过程认识目标（能力）。深刻理解以假设检验为主的多种统计分析方法的应用背景和要求；了解统计分析方法在研究社会热点问题中的作用和意义；了解在处理实际问题时，进行数据处理和假设检验可能遇到的问题，并掌握一定的应对方法；从自身的学习和生活出发，能够从更高起点和不同角度看待社会经济系统中的统计调研相关问题。

（3）思政教育目标（素养）。贴近时政，设计案例，展开任务导向式课程实践，培养学生社会责任感，养成严谨求实的学风和科学态度，提高综合素养，树立正确的世界观、价值观和人生观。

三、课程思政教学方法及手段

（一）双语线上线下混合式教学

"统计学"课程组开设中文和中英双语两种语言类型的在线课程，并针对学情分析选择中文或中英双语两种类型的线上线下混合式教学，本课程为双语授课模式。

在传统中文课程基础上，为了实现培养国际化人才的目标，授课教师自2017年开始建设双语课程，随着"互联网+教学"模式的推广，该课程自2019年起依托超星学习通App平台展开线上线下混合式教学模式改革实践，并在2020年年初新冠病毒疫情影响下依托超星学习通展开纯线上课程改革实践，逐步将思政内容引入课程资源。在疫情缓解后，基于双语授课模式的线上线下混合式课程建设进一步改进。在课程改进过程中注重体现"互联网+教学"模式跨界融合性、创新驱动性、结构重塑性等特点，课程平台建设情况如图7-2所示。

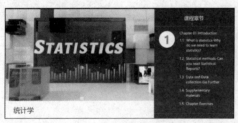

（a）课程平台主页　　　　　　（b）竞赛项目任务导向课堂页面

（c）章节教学资源　　　　　　（d）资源库建设

图7-2　"统计学（双语）"课程平台建设

（资料来源：课程门户主页 https://mooc1.chaoxing.com/course/245171135.html）

为了充分发挥线上线下混合式课程的优势，超星学习通作为辅助工具，发布中英双语教学内容预告、PPT课件、知识点总结、问题解答、讨论题、单元测试和作业等，线下课程以此为基础，以"学为中心"展开更灵活的课堂设计，为课程思政的导入和效果检验创造了更好的条件。

（二）"学为中心"的思政教学整合

为实现思政价值导向与知识技能培育的统一，本课程根据教学内容和教学主体的特点，潜移默化地进行课程思政教育，综合运用线上平台资源，在线下采用竞赛情景法、任务讨论法、持续反馈法等教学方法，提升学生的主体性，激发其积极性和主动性。

（1）竞赛情景法。各类技能竞赛可以有效引导大学生创新和实践，依托技能竞赛、以任务为导向的项目化教学法可以有效推动教学与竞赛一体化，将竞赛情景引入课堂，可迅速调动学生思考积极性，减少注意力不集中的问题。如引入中国商业统计学会主办的"全国大学生市场调查与分析大赛"，并设计项目"居民垃圾分类参与意向调研"，提前将竞赛项目的官网链接、课程关注的项目背景、课堂分析方式发布于线上平台，按竞赛标准设计课程实践分析目标并分派任务,在仿真模拟中提升学生的参与意识,让他们不知不觉关心社会实时,达到思政导入"润物细无声"的目的。

(2)任务讨论法。在小组讨论的基础上按照技能竞赛要求合理调整小组任务,明确小组讨论的目的,强化思政内容的导入。小组的讨论切忌空泛,在竞赛情景下,竞赛任务被课程化合理改进后,一方面,任务完成情况将作为实践项目成果按比例计入课程成绩,由此会带来压力;另一方面,知识与能力经任务加以强化,可以直接成为班级同学实际参加创新创业等竞赛活动的核心技能,从而极大激励同学们的求知与探索。如针对设计项目"居民分类垃圾回收参与意向调研",小组主要讨论三个主要任务:①项目目标是什么?如何据此项目设计调研计划?②在给出参考数据的基础上,需要做哪些基础统计分析?目前学习的方法可以帮助我们进行哪些深入分析?③根据深入分析,能得到哪些结论?根据这些结论,应当针对政府、企业与社会、居民等不同层面提出哪些合理建议?

在小组讨论阶段,小组成员不可避免地需要将自己转换为政府、社会和居民等不同角色,在不同角色的跳跃与磨合中,自然实现价值观、世界观和人生观的健康修正,可以有效削弱极端自私主义等负能量思潮的影响。

(3)持续反馈法。每个小组将小组分析结论简单汇总上传到课程平台讨论区(线上),并派一名同学作为代表,分享本组结论,其他各组同学讨论该组结论并改进本组结论。课后一定时间内讨论区将一直开启,各小组学生间可以在讨论区展开自由讨论,互相点赞与评论,教师将定期针对同学们关心的问题选择网络回复或课堂讲解等不同回应方式。这种方式极大地提高了学生的学习参与意识,也使得教师的答疑解惑更具针对性,更高效地提高了学生分析问题、解决问题的能力。

四、教学过程

(一)课前线上环节

教师提前在线上提供背景介绍并布置课前任务。

学生们在日常生活中已经广泛认识到,人们在生产、生活中产生的大量垃圾正在严重侵蚀我们的生存环境,垃圾分类是实现垃圾减量化、资源化、无害化,避免"垃圾围城"的有效途径,同时,学生们也都或多或少接触过垃圾分类的各种宣传,垃圾分类与学生的生活息息相关。从这一角度入手引入研究任务,学生们的参与意愿大大提高。与此同时，引入"全国大学生市场调查与分析大赛"作品要求，提出基于课程实践性质改进的双语教学任务，课程思政的目标可水到渠成。

教师课前在线上课程平台发布基于技能竞赛的课程任务，如图 7-3 所示。

(a) 竞赛简介与课程任务

(b) 课程任务配套问卷

(c) 课程任务问卷数据

图 7-3 "统计学（双语）"课前任务布置

在此基础上，教师发布课程任务组队通知，要求同学们自主组队（4~5人一组），提前商议任务分配，做好课程准备。

（二）课堂线下环节

在两节课的时间里引入竞赛情景，完成任务讨论。

1. 教师汇总导入（10分钟，讲授方式）

介绍大学生广泛参与的创新创业大赛或专业技能竞赛，包括但不限于表 7-2 所列，可以随着各类竞赛的举办和发展不断更新内容。强调各类竞赛为大学生搭建了一个开展专业实践、展示研究成果、提高综合能力的平台。大学生参加相关竞赛不但可以充分应用所学，而且可以培养团队精神、锻炼实践能力、培养科研意识、激发创新思维，全面提高自身综合能力。本课程引入"全国大学生市场调查与分析大赛"，并设计"居民垃圾分类参与意向调查"项目，让学生深切感受学为所用的实战锻炼。

表 7-2　大学生广泛参与的创新创业大赛或专业技能竞赛

主办方	大赛名称	官网
教育部等多部门	中国国际大学生创新大赛 China International College Students' Innovation Competition	https://cy.ncss.cn
共青团中央等	"挑战杯"全国大学生课外学术科技作品竞赛 "Challenge Cup" National College Student Extracurricular Academic and Technological Works Competition	http://www.tiaozhanbei.net
中国商业统计学会	全国大学生调查与分析大赛 China College Students Survey and Analysis Competition	http://www.china-cssc.org

2. 学生任务强调（10分钟，提问＋讲授）

抽取两位同学，提问他们对课程任务的理解。该任务的中文名为"消费者垃圾分类参与意向影响机理调查"，英文内容是对任务在统计学意义上的细化，即各小组选择不同的变量完成"两总体均值差检验"。该任务明确了研究方法为两总体均值差检验，但相对细化的研究内容又给了各小组充分的自由选择权。

询问学生对研究方法和研究内容的理解，然后举例强调具体任务及实现方式，引导学生进入下一阶段小组讨论。

3. 学生任务讨论（25分钟，小组讨论，电脑分析，平台分享）

各小组在讨论时可以线上查询研究内容细节、研究方法，其中研究方法理论附在平台课件和讲解视频中，研究方法实例附在平台文档中，如图7-4所示。

（a）理论课程讲解视频

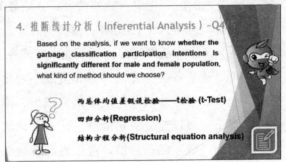
（b）课程课件

（c）研究方法实践举例

图7-4 平台提供的小组讨论参考资料

每小组至少选择一名学生利用电脑软件（Excel、SPSS或Stata等专业统计软件）完成两总体均值差检验，大家共同讨论输出结果，提炼结论和进一步分析研究方向。每组至少选择一名学生汇总分析结论，发帖上传至课程平台讨论区，如图7-5所示。

图 7-5 各小组上传至平台的分析结论

从课程任务迅速融入思政案例——垃圾分类，充分利用所学方法解决身边问题，使学生产生强烈的代入感，不同小组分别站在政府、社会、企业与个人立场分析垃圾分类相关问题和管理决策建议，学习分析参与度高，态度积极，很容易理解和接受思政传导的价值观。

4. 学生演讲分享（30分钟，演讲分享，提问互动，平台分享）

各小组至少选择一名同学展示本组分析结论，要求叙述条理性强，深浅恰当，文字精练流畅，通俗易懂；综合利用本组上传至平台的数据结论，对于专业名词的解释必须明确；针对本组数据结论，向相关组织提出意见及建议。在分享中，接受其他各组同学提问并认真回复，如需修正本组结论，直接由另一位同学上传至本组任务讨论区。

5. 同学互评（5分钟，讨论评分）

平台下发各小组打分问卷，请全班同学对各组课堂任务完成情况打分，并实时将得分反馈给各组。请各组同学针对打分总结自身在本次任务中的经验与不足，并将收获提交到本组任务平台讨论区，如图7-6所示。

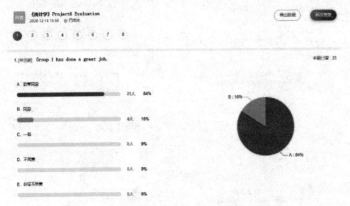

(a) 第一组在线评分情况

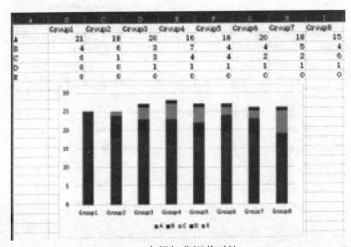

(b) 多组打分汇总对比

图7-6　各小组上传至平台的打分结果

6. 教师汇总点评（10分钟，讨论评分）

教师针对各小组对课程任务的理解、小组讨论的效率、分析完整度、平台上传资料的质量和演讲过程中做出的创新和展示出的问题进行总结，指出两总体均值假设检验仅是较初级的统计分析方法，如果要继续完成"影响居民垃圾分类意向的主要因素"等问题的深入分析需要继续学习因子分析、结构方程分析等方法，推荐学生自主学习并鼓励他们将进一步的分析结论继续上传至平台。

（三）课后线上环节（交流总结，持续反馈）

鼓励学生课后在平台上继续针对该课题展开讨论，教师在线上平台持续追踪学生在讨论区的课程任务反馈，对于分析过程中出现的问题可以展开一对一针对性回复，总结常见问题经整理后集中发帖，下次线下课堂面对面交流。

五、教学效果

在传统教学中"统计学"常常是学生最头疼、同时也是考试后知识忘记最快的学科，是常规教学痛点反映最突出的教学科目之一。随着高素质应用型人才培养目标要求的明确，课程培养目标也实时更新为知识目标、能力目标和素养目标三个方面。在教学培养目标导向下，本课程教学方案的改进从传统教学痛点入手，充分借助任务导向、信息化、双语等多维教学手段，以期实现基于课程思政的多种教学创新理念，如表7-3所示。

表7-3 基于传统教学痛点的课程思政教学手段改进方法和创新理念对照表

传统教学痛点	教学手段改进方法	教学创新理念
学生参与度低	依托竞赛的项目化任务导向	从"教为中心"到"学为中心"
"填鸭式"教学	任务导向下的理论自学与实践导学	线上线下混合式教学模式
学习反馈效率低	基于教学平台反馈的线上线下实时调整	信息化教学手段的充分应用
重知识，轻能力	项目任务应用导向的能力培养	知识传授与能力培养并重
重教书，轻育人	团队合作下的科学与协作素养的共同提升，融入思政内容	思政内容引入，注重素质提升，立德树人

经管学科课程思政下教学模式的探索与优化需要教师和学生形成合力，积

极探索、及时反馈。为了实时获取学生反馈,本课程基于教学平台的学生评教指标体系(按"知识""能力""素养"三维培养目标构建"最低1分至最高5分"的5级利克特量表评价),在连续两年学期末利用教学平台的"问卷"功能实时获取学生在对应阶段评价的均值及标准差,如表7-4所示。可以看出,随着课程创新不断推进,课程整体评价有了显著的提升,2020年特别在"科学与道德修养"指标上获得了学生们4.92分的高分评价,体现了课程在"立德树人"思政方面的积极意义。

表7-4 基于"三维"培养目标的学生在线评教两学期对照表

培养目标	评价指标	2019年(2018级)		2020年(2019级)	
		均值	标准差	均值	标准差
知识培养	1.本课程知识体系合理,线上课程内容完整,可以有效进行课程内容预习、测验、复习等活动	4.67	0.48	4.84	0.37
	2.本课程线上线下一体化教学方案及管理科学有效(包括课前引导、在线课堂及课后设计)	4.67	0.48	4.88	0.33
	3.本课程教学平台内容充实、中英文资源多样,教师专业英语严谨,专业英语应用适度	4.76	0.44	4.88	0.33
能力培养	4.本课程能开拓我的思维,鼓励创新与实践	4.67	0.48	4.84	0.37
	5.对比传统课堂,通过本课程的学习,我增加了对本领域的兴趣,自主学习能力得到提高	4.62	0.50	4.76	0.44
	6.基于竞赛项目的任务导向型实践让我拓展了认识,增强了实践能力和责任意识	4.67	0.48	4.84	0.37
素质培养	7.通过本课程的学习,我更加认同严谨的科学态度和精益求精的作风并准备坚持贯彻	4.67	0.48	4.80	0.41
	8.通过该课程的学习,我更加认同科学道德修养的重要性,能客观辩证地分析多源信息并坚持贯彻数据真实性原则	4.67	0.48	4.92	0.28

本课程整个(线下)教学过程可以有效实现与线上平台学习的对接,充分发挥了现代信息化教学手段的先进性,多阶段通过生动的思政案例,引导学生基于现实背景实现"提出问题—分析问题—拓展思考"的学习及思维过程,激发学生探究"解决问题"方法的兴趣,并在此基础上培养了学生主动运用专业统计知识,分析社会热点问题,揭示特殊现象的能力,引导学生带着社会责任感去关注数据背后的故事,达到了"学为中心""立德树人"等预设的教学目标。依托技能竞赛的项目化任务导向型教学以及思政融入式教学,贯穿"线上线下"

教学全过程，大大有助于课程"知识培养""能力培养"和"素质培养"三方面教学目标的协同实现，在此基础上按照知识点构建教学方案改进思路，着眼于以"技能竞赛"为中心的"学生—教师—教学平台"的主体协同，从而实现"助学—自学—导学—督学—评学"的循环推进。

六、教学反思

本文基于"统计学（双语）"线上线下混合式课程，记录了依托国内外技能竞赛的任务导向型教学以及思政融入式教学，创新路径，包括教学方案改进思路和教学实践过程，建立了由基础知识模块，竞赛能力模块和素质拓展模块构成的立体化专业课程体系。根据学生在线评教及获奖情况反馈，证明该创新实践有助于解决传统教学痛点，在充分体现了应用价值的同时达到立德树人的教学效果，该创新方法可以有效保证课程的综合培养目标的实现，方法针对性强、直观有效。

在"立德树人"思想指导下，本在线课程的建设包括了以下几个方面的思考。

（1）如何坚持立德树人，强化政治引领下的中国特色统计学分析。在课程教学和人才培养过程中，需要以国际化全球化经济为分析背景，虽然欧美经典的经济理论已得到广泛应用，但由于各国制度基础、经济基础、社会文化基础等因素的差异，传统经济理论面临诸多挑战。我国具有新兴市场和转型经济的双重特征，如何基于我国经济特色，无痕融入思政内容引导学生采用数学方法展开理论和实践分析，培养为中国特色社会主义事业奋斗的经济管理类国际化人才，是本课程在思政方面的一大思索。目前课程引入的案例包括传统哈佛商业案例、国内40多年改革经典案例、"一带一路"倡议建设案例等，在此基础上引入依托国内外技能竞赛的任务导向型教学创新路径，启发了学生的多维度多层次思考。

（2）如何形成"四模块"课程学习模式，推进课堂教学与双创教育相融合。本课程响应"大众创业、万众创新"的号召，鼓励学生基于课程方法积极开拓实践，引导学生深度参与教师科研课题和大学生创新创业实践项目，构建"理论学习+案例分析+学术论文+项目实践"的四模块课程学习模式，将创新训练思政案例融入课程教学。目前本课程的学生已有多组参与学校的大学生创新创业项目，并使用课程知识为团队献计献策。

（3）如何以数据技术为支撑，全面提升课程教学质量。依托课程平台，构建教学评价和教学管理数据采集和分析系统，迅速展开在线教学的改进实践，挖掘教学数据资源的内在价值，全面促进课程教学能力的提高。本课程先在学期初与授课对象交换评教及教学方案优化实践的意见，然后分别在课程开设的不同时间点依托教学平台展开评教问卷调查并获取数据，分别在各个时间段迅速提炼课程优化的主要方向并基于调研结果通过访谈获取学生反馈，总结下一阶段英文课程的教学方案改进办法，最后比较教学方案改进效果。该实践不但提高了学生们在课程上的参与度，激发了学生学习积极性和主动性，有效提升了授课效果，而且便捷易操作，实践性强，相信对多种线上教学模式的教学方案改进均具有积极作用。

第八章 "运筹学"课程思政典型案例

【课程基本情况】

课程名称：运筹学。

运筹学是一门广泛应用现有的科学技术知识和数学工具，以定性与定量相结合的方法研究和解决经济、管理和工程技术中的实际问题，为决策者选择最优决策提供定量依据的一门决策科学。本课程要求学生掌握一些运筹学的基本模型及其求解原理、方法技巧，掌握运筹学整体优化的思想和若干定量分析的工具，同时能简单运用一些软件求解运筹学问题。通过教学的各个环节要求学生掌握运筹学各分支的基本理论和方法、掌握对较简单的常见经济、管理问题建立数学（或模拟）模型的技巧，提高学生运用系统优化和定量分析方法理解问题并求解结果的能力，了解运筹学发展的相关动态，而且能够立足科学分析思路应对未来的学业和职业需求。

授课对象：物流管理18级（1）班。

使用教材：韩大卫编著，《管理运筹学——模型与方法（第2版）》，清华大学出版社，2021年版。

本课程通过开展师生"互动式"教学，深度融合运筹学原理与思政内容。要求教师与学生共同探讨思政与运筹学的关系，破除学生认为思政课程只能单独开设的传统看法，树立思政就是价值塑造的基本理念。在此基础上，教师还与学生共同研究和分析运筹学问题，针对课程重难点和思政教育的结合点展开讨论，无痕融入思政内容。

本章精选"运筹学"课程的三次课程思政案例，选取不同课程内容，展示"学为中心"的课程思政实践过程。

第一节 培养爱国主义精神，建立民族文化自信

一、课程思政教学整体设计思路

（一）总体思路

开展师生"互动式"教学，深度融合运筹学原理与思政内容：与学生共同探讨思政与运筹学的关系，破除学生认为思政课程只能单独开设的传统看法，树立思政就是价值塑造的基本理念；和学生共同研究和分析运筹学问题，针对课程重难点和思政教育的结合点展开讨论，无痕融入思政内容。

（二）教学目标

（1）知识与技能目标。了解运筹学的起源和发展历史，理解线性规划的数学模型及其标准形式，掌握线性规划模型标准化的方法。

（2）思政教育目标。以中国古代运筹学发展思想，激发学生的爱国情感和民族自豪感；以运筹学在生产生活的应用，让学生直观感受我国改革开放取得的伟大成就；以全球范围内运筹学发展前沿介绍，让学生了解我国运筹学学科发展现状及大国魅力。

二、课程思政教学方法及手段

本课程采用线上线下混合式方法进行教学，线上教学主要利用南信大教育在线平台进行，并利用 QQ 群开展课程辅助教学。南信大教育在线平台资源包括教学视频、PPT、知识点小结、常见问题解答、随堂测试、讨论题、单元测试和作业等，如图 8-1 所示。

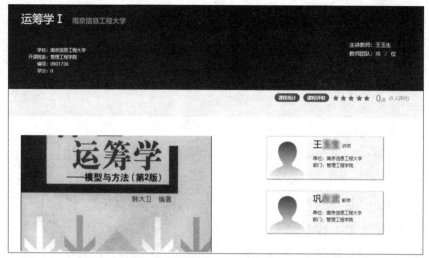

图 8-1 南信大教育在线平台"运筹学Ⅰ"课程界面

根据教学内容和教学主体的差异性，在课堂上引入设疑法、讨论法、引导法等教学方法，提升学生的主体性，激发其积极性和主动性。在引导中进行课程思政教育，实现价值导向与知识技能培育的统一。

教学手段重在实现教学资源多样化、实时化，教学组织合作化。注重教学过程评价，将课堂讨论、课后调研任务在课堂展示等，均纳入平时成绩的考核范围。

三、教学过程

本节以本课程第 1 章《绪论》为例。

（一）"破冰"

教师进行自我介绍，简要介绍这门课程、所用教材及参考资料、网上资源、考核方式及课程要求。教师进行点名，认识一下同学们。（8 分钟）

（二）切入教材内容，讲授新内容

1. 运筹学的词源（3 分钟）

运筹一词出自《史记·高祖本纪》，刘邦形容张良："夫运筹帷幄之中，决胜于千里之外。"运筹学一词的英文是 operations research（OR），许国志将其译成"运筹学"，包含运用筹划、以策略取胜、规划调度、运营研究的意义。

2. 提问（1分钟）

许国志是哪里人？他是江苏扬州人。他筹建了中国第一个运筹学研究室、系统科学研究所。

3. 运筹学的定义（3分钟）

运筹学是一门仍在蓬勃发展的新兴学科，人们对它的认识需要不断深化，迄今为止，没有一个公认的运筹学定义。介绍《大英百科全书》和《管理百科全书》中对于运筹学的定义，重点讲解"量化""有限资源""有依据""最优"等词语。

4. 运筹学简史（10分钟）

运筹学的思想起源于古代，学科产生于第二次世界大战（简称二战），其后扩展到民用事业，并与计算机等技术相结合，逐渐发展成熟。讲解运筹学在二战中应用的成功案例，如不列颠之战等。讲述运筹学在中国的发展状况。

5. 运筹学的基本属性（3分钟）

经济系统的运行过程可以归结为投入和产出的过程。对于经济系统如何运行的问题，运筹学主要从以下两个方面进行研究：①投入既定，如何实现最大产出？②产出既定，如何实现最小投入？这是运筹学在经济管理中研究的两类基本问题，即所谓经济系统最优化问题。

6. 运筹学的模型方法（2分钟）

运筹学模型能把现实系统诸要素间的复杂关系抽象成数学关系式或其他简化形式，从而能够更简明地揭示复杂系统的本质特征，更迅速地把握其变化规律。恰当地建模是运筹学研究和解决问题的基础。

7. 模型方法应用的步骤（2分钟）

提出问题—建立模型—求解、优化—测试、控制—方案实施。

8. 运筹学的主要内容（3分钟）

线性规划、整数规划、目标规划、动态规划、非线性规划、图与网络、存储论、排队论、对策论、决策分析。

9. 运筹学的主要应用（5分钟）

运筹学主要用于市场营销、生产计划、运输问题、人事管理、设备维修、计算机和信息系统、城市管理、对策研究等方面。重点介绍运筹学在全国大学生数学建模竞赛中的应用，在建模竞赛中，大约有一半的题目会涉及运筹学的最优化思想。

10. 如何学习运筹学（5分钟）

两点要求：与时俱进、学以致用。要结合计算机进行求解，学会用LINGO、Excel、MATLAB等软件求解线性规划。

（课间休息，10分钟）

11. 引入新课（2分钟）

总体介绍线性规划的特点、应用，以及如何求解。

12. 引例（3分钟）

以同学们身上发生的实际案例为例，如期末考试周复习时间的分配问题，讲解线性规划。

13. 线性规划的实用模型（10分钟）

介绍资源分配问题、产品配套问题、下料问题和配料问题，讲解如何建模，如何设置决策变量，表达目标函数和约束条件等。

14. 线性规划的定义（1分钟）

由目标函数和约束方程构成的一组数学表达式，称为数学规划（模型）；若全为线性表达式，则称为线性规划（linear programing, LP）；若组中有一个或更多表达式非线性，则称为非线性规划。

15. 建模的一般步骤（2分钟）

①正确设立决策变量；②恰当建立目标函数；③适度构建约束方程。

16. 线性规划模型的特点（5分钟）

线性规划模型主要有四个特点：①用一组未知变量表示要求的方案，这组未知变量称为决策变量。②存在一定的限制条件，且为线性表达式。③有一个目标要求（最大化，当然也可以是最小化），目标表示为未知变量的线性表达式，称为目标函数。④对决策变量有非负（正）性要求。

17. 线性规划的通式（2分钟）

$$\max(\min) z = c_1 x_1 + c_2 x_2 + \cdots + c_n x_n \tag{8-1}$$

$$\begin{cases} a_{11} x_1 + a_{12} x_2 + \cdots + a_{1n} x_n \leqslant (= \text{or} \geqslant) b_1 \\ a_{21} x_1 + a_{22} x_2 + \cdots + a_{2n} x_n \leqslant (= \text{or} \geqslant) b_2 \\ \vdots \qquad \vdots \qquad \vdots \qquad \vdots \\ a_{m1} x_1 + a_{m2} x_2 + \cdots + a_{mn} x_n \leqslant (= \text{or} \geqslant) b_m \\ x_j \geqslant (\leqslant) 0, \text{ 或自由}, (j = 1, 2, \cdots, n) \end{cases} \tag{8-2}$$

18. 线性规划的标准型（5分钟）

目标函数约定是最大化 max（或最小化 min）；约束条件均用等式表示；决策变量限于取非负值；右端常数均为非负值。

$$\max \quad z = \sum_{j=1}^{n} c_j x_j \tag{8-3}$$

$$\text{s.t.} \begin{cases} \sum_{j=1}^{n} a_{ij} x_j = b_i & (i=1,\cdots,m) \\ x_j \geq 0 & (j=1,\cdots,n) \end{cases} \tag{8-4}$$

19. 线性规划的标准化（10分钟）

（1）min 型目标函数，求 min z，等价于求 max($-z$)，令 $z' = -z$。

（2）非标准约束方程。

① 右端项 $b_i < 0$：只需将等式或不等式两端同乘 -1，即符合标准。

② 约束条件为不等式：

当约束条件为"$\leq$"时，需将约束条件左端加松弛变量；

当约束条件为"$\geq$"时，需将约束条件左端减去剩余变量。

（3）取值非正的变量。

① 对 $x \leq 0$ 的情况：令 $x' = -x$，显然 $x' \geq 0$。

② 取值无约束的变量，即自由变量：

可令 $x = x' - x''$，其中 $x' \geq 0$，$x'' \geq 0$。

20. 例题（5分钟）

将下述线性规划转化为标准形式：

$$\min z = x_1 + 2x_2 + 3x_3$$

$$\text{s.t.} \begin{cases} -2x_1 + x_2 + x_3 \leq 9 \\ -3x_1 + x_2 + 2x_3 \geq 4 \\ 4x_1 - 2x_2 - 3x_3 = -6 \\ x_1 < 0, x_2 > 0, (x_3 \text{取值无约束}) \end{cases}$$

（三）课堂小结

带领同学们一起简要回顾运筹学的有关典故、名称由来、定义、特点、历史沿革等。布置教材第32页习题1.8为本次课程作业，旨在趁热打铁，促进学生对课堂所学融会贯通。

四、教学效果

通过课堂讨论、章节测验和课后作业等的表现情况发现,学生总体上能够较好地理解课程知识,并能够将运筹学的理论和方法应用在生产生活各类优化问题的求解过程中。此外,将课程思政教育与运筹学知识的讲授有机融合,提升了学生的学习热情,改善了学习效果。

课程的总评成绩,有5位同学获得优(90~100分),占比13.89%,其中3位同学获得100分;7位同学获得良(80~89分),占比19.44%;8位同学获得中(70~79分),占比22.22%;13位同学获得及格(60~69分),占比36.11%;3位同学不及格(低于60分),占比8.33%。可见绝大部分同学掌握了运筹学的基本原理、求解方法,具备对现实问题的提炼能力、数学模型的构建能力、熟练的运算能力和相关软件的应用能力。

本学期教学督导听课评价均为优秀,课程综合评价也为优秀,如图8-2所示。

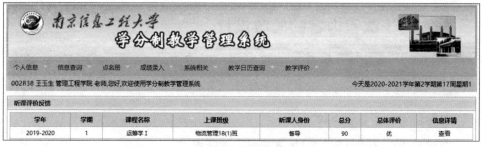

图 8-2 督导评价

五、教学反思

(一)自我评价

教师教态端正,备课认真,讲课有条理性和逻辑性,对重难点有较好的把握,能将抽象的运筹学理论与实际问题、思政内容联系起来,合理使用板书,学生课堂认真听课,课堂气氛活跃,使用课堂提问、课堂测试、课后作业、期中考试和期末考试等多种手段,达成教学目标。

（二）不足之处

因为授课对象为文科生，而运筹学的很多理论和方法对数学的要求比较高，学生在学习过程中普遍有畏难情绪。

（三）改进措施

在教学过程中，加强对基础知识的教学，适当地提高课堂练习的比例，合理安排教学与习题课，在有限的时间内让学生接受、学会知识，同时也要密切联系实际和应用，提高学生分析和解决应用问题的能力。融入思政内容时，要通古论今，与时俱进，提升学生的爱国热情、民族自信心和自豪感。

第二节 攻坚克难求真知，整数规划寻突破

一、基于课程内容的思政设计

（一）教学内容

课程知识点：分支定界法。
思政元素：文化自信、创新精神和求真意识。

分支定界法知识点属于《运筹学》第 6 章第 2 节"整数规划的一般解法"的教学内容之一，主要讲解分支定界法的基本思想，包括分支原理、定界方式、剪枝准则等。通过模型分析和图解法直观理解分支定界法的搜索路径；探索并设计分支定界法的流程图和算法框架；对最优解进行理论分析并将分支定界法应用于金融和管理领域中的实际问题。

（二）教学目标

教学目标包括知识目标、能力目标和素养目标，具体如下。
（1）了解分支定界法的起源、发展及其在整数规划中的地位。
（2）理解分支定界法的基本原理和基本准则。

（3）掌握分支定界法求解整数规划的算法框架。

（4）培养学生探索性思维，利用 MATLAB 自主编写分支定界法的程序。

（5）树立学生严谨的求真意识，通过数学理论严格论证算法的有效性。

（6）激发学生的文化自信，通过学科背景介绍我国学者在整数规划发展中的卓越贡献。

（三）课程思政融入策略

"运筹学"课程思政主要从教学手段、教学内容和课程知识等方面着手融入思政元素，具体思路如下。

（1）在教学方法中融入"勇于探索、敢于创新"的育人精神。本课程主要利用 PPT 展示、板书画图、MATLAB 演算和思政案例等综合手段培养学生的创新精神，首先在 PPT 中展示分支定界法的基本原理，让学生初步了解基本知识；其次利用板书将分支定界法应用于整数规划的数学模型中并通过画图让学生直观感受算法的搜索路径，巩固对分支定界法的理解；最后让学生在 MATLAB 中根据求解框架自主编程探索并在教师的指导下实现算法的求解过程，使得学生在兴趣中探索知识、获得学有所用的成就感并掌握课堂的教学内容。

（2）在教学内容中融入"严谨治学、求真务实"的学习作风。在教学内容的具体讲解中向学生反复强调运筹学严谨的数学语言、严格的逻辑推理，详细推导分支定界法的分支原理、定界方式、剪枝准则。在求解过程中，利用数学定理从理论上论证分支定界法每一步设计的合理性，从算法的角度进行严格的收敛性分析。正确论证分支定界法一定能够搜索到全局最优解，并通过数值比较验证分支定界法具有较高的搜索效率。教学内容环环相扣、推理严密、具体完整、缺一不可，让学生深刻体会最优化算法在程序设计过程中的精确性和严谨性。

（3）在课程知识中融入"民族自尊、文化自信"的爱国情怀。在课程背景知识的介绍过程中让学生领略分支定界法的起源、发展及其知识体系，了解整数规划问题本身固有的复杂性和整数规划求解器开发的困难性，认识仅有少数几个发达国家拥有自己的整数规划求解器、我国在整数规划研究中起步较晚、一些大国对我国进行产权和技术封锁的严峻挑战和历史现实，强调我国脚踏实地、自力更生的民族自尊，并通过戴彧虹研究团队开发的具有国际领先水平的 CMIP 整数规划求解器的奋发图强事例，让学生树立文化自信和民族自豪感。

（四）课程思政嵌入实例

（1）在运筹优化领域出现很多世界顶级水平的中国学者和优秀的华人学者，叶荫宇教授因其在运筹学优化理论和算法设计方面的开创性工作获得了多个国际奖项、袁亚湘院士在非线性规划领域做出了重要贡献、戴彧虹研究员的 CMIP 求解器研发工作对复杂系统的建模和优化有着深远影响，这些学者通过其卓越的研究成果赢得了国际学术界的广泛认可，证明了中国人在前沿科学领域的创新能力，他们的研究成果直接或间接地促进了国家科技水平的提升和社会经济的发展。

（2）我国自主研发的具有国际领先水平的整数规划求解器 CMIP，是中国学者自立自强、突破技术封锁、奋发图强的写照。CMIP 整数规划求解器是由陈省身数学奖获得者、冯康科学计算奖获得者、中国科学院数学与系统科学院戴彧虹研究员带领团队从 2015 年开始，历经 30 个月，自主研发的我国第一个具有国际水平的整数规划求解器。该整数规划求解器具备求解大规模整数规划的能力，并于 2018 年 3 月确定版本为 CMIP 1.0 版本。

（3）分支定界法（branch and bound，B&B）是求解整数规划和组合优化问题的常用算法。其推理论证过程不仅体现了科学方法的严谨性，也蕴含着丰富的思政教育元素。如图 8-3 所示，左图为系统思维与全局观念，这种方法强调了系统思维的重要性，即从整体出发考虑问题，避免片面性和局部优化；右图为急速优化与不断探索，这种对资源的有效利用和对效率的极致追求，可以激发学生思考如何在实际生活中节约资源、提高工作效率，同时具备坚持不懈的精神和勇于探索未知领域的重要性。

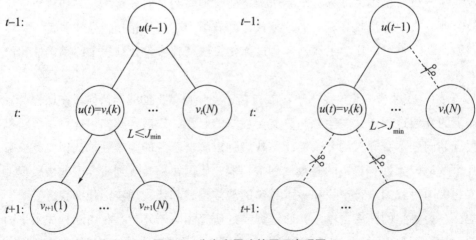

图 8-3 分支定界法的原理直观图

二、学情分析、教学方法及教学设计

（一）学情分析

本节课程讲授的内容是在线性规划的基础上将决策变量的取值范围限制为离散的整数型变量，因此，学生在由线性规划过渡到整数规划的学习过程中易于对整数规划数学模型进行理解。但是，整数规划中的一些求解方法与线性规划中的单纯形法完全不同，所以，本课程需要联系实际、由浅入深，系统地讲解整数规划的知识体系、应用背景和研究进展，拓展学生的知识视野，加深学生对整数规划研究思想的了解，体会前人渊博的智慧，重点讲解分支定界法的一般求解方法，使学生能够自主探究相应的程序编写方案以解决实际问题。

（二）教学方法

整个教学综合采用了案例分析法、讲授法、讨论法、直观演示法、自主探究法、任务驱动法、练习法等教学手段和方法，在讲授知识、领略历史、传播文化的过程中融入思政内容，既让学生感受理性之美，又感受到国家的强大、民族的自强和自身的使命担当。

（三）教学设计

教学设计具体内容如下。

（1）情境创设，引入主题。首先，本课程以图8-4中展示的三个实例（背包问题、选址问题、投资组合问题）引入整数规划，让学生认识到所学内容源于生活，体会到数学规划就在我们身边的亲切感，激发学生解决生活问题的兴趣；然后，引导学生发现该类问题与上一章学习的线性规划的不同之处，让学生自己总结出该类问题的决策变量只能取整数的特殊性；最后，引入整数规划的一般数学模型，将现实中的优化问题用抽象的数学语言进行描述，为整数规划一般解法的讲解做铺垫。

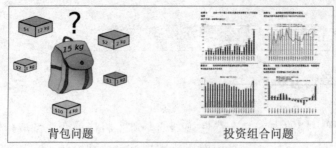

图 8-4 整数规划的实际应用场景

本环节以问题来源于生活的呈现方式，引导学生用探索的眼光发现问题，理性思考，树立学有所用的正确价值观，强调将所学知识用于我国新时代社会主义建设中。

（2）分析现状，探究方法。针对上一环节构建的整数规划模型进行方法上的探究。首先，介绍整数规划研究的发展历程，让学生感受到整数规划问题的求解非常困难，许多有效的方法仍然需要进一步探究；然后，介绍目前仅有的少数几个发达国家开发的整数规划求解器及其在知识产权方面的垄断地位，以及我国在生产发展过程中面临的无求解器可用的风险和迫切需求；最后，介绍我国学者在整数规划领域寻求突破的最新研究成果及其开发的最新求解器的先进性。

本环节通过对整数规划发展历史和知识体系的学习，使学生了解我国学者和世界华人在最优化领域的卓越贡献和我国学者为打破垄断攻坚克难的智慧和决心，让学生体会中华民族具有的民族自强精神，培养学生的文化自信、攻坚克难的优秀品质和爱国情怀。

（3）知识详解，充分论证。在上一环节简要介绍整数规划的研究思想之后，本环节以分支定界法为主要方法进行详细讲授。首先，讲解分支定界法的基本概念，将分支定界法的设计思路分解为分支、定界、剪枝三个部分，分别从决策变量上下取整分支、目标函数上下界的获取方式、搜索过程的修剪原则三方面进行细节剖析；其次，通过严格的理论论证和数学推导证明分支定界法搜索全局最优解的有效性（图 8-3）；最后，指导学生进行分支定界法的编程。通过师生合作、自由探索的方式，一方面，让学生在编程的过程中加深对知识的理解；另一方面，锻炼学生的实践动手和逻辑推理能力，让学生体会理性思维的乐趣和成就感。

在利用 MATLAB 进行编程论证过程中，本环节分别用穷举法、松弛法和分支定界法等方法进行数值比较实验，相关结果如图 8-5 所示。

通过以上对比实验的演示,向学生充分论证松弛法无法获得整数解,而分支定界法能够获得整数解,并进一步与穷举法比较,验证分支定界法能够搜索到全局最优解且具有较高的搜索效率。

(4)引入案例,类比讨论。分支定界法主要用于求解整数规划问题,它通过系统地分割问题空间并评估各部分的潜力来逐步缩小搜索范围,最终找到最优解。这种方法的核心思想是将大问题分解成更小、更容易处理的子问题,并通过设定界限来排除不可能包含最优解的部分。其核心理念可以被类比用于其他领域的社会问题解决,如在一个社交媒体平台上出现了关于某种疫苗副作用的不实报道(图8-6),平台运营团队决定立即进行辟谣,请同学们尝试用分支定界法的思路来分析粉碎谣言的过程。

本环节通过细致的理论推导和详细的解题过程,向学生展示一种治学严谨的态度,借助图8-6中出现的一些社会现象,教导学生在发表看法结论或传播热点信息时也应该像严格的数学推导一样,强调对自己的言行负责,谨言慎行,在具备严谨的思考、可信的材料、充分的论据的前提下发表自己的看法。

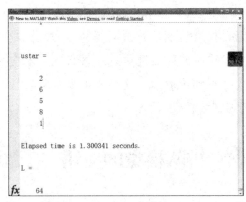
(a)穷举法

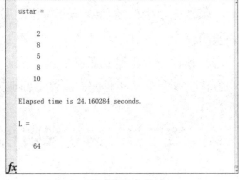
(b)分支定界法

图 8-5　穷举法和分支定界法的搜索效率与最优值比较

图 8-6　严谨论证粉碎谣言

(5) 课堂小结。带领同学们一起简要回顾本次课程知识点，布置本次课程作业，旨在趁热打铁，促进学生对课堂所学融会贯通。

三、教学总结及体会

运筹学主要研究在一定条件下，根据某一衡量指标寻找最优的方案或策略，其发展历程包括线性规划、整数规划、非线性规划、均衡问题和非线性互补问题，以及带均衡约束的数学规划问题等。目前运筹学在解决信息管理、生产运营、金融工程等领域的最优化问题中发挥着重要作用。但是，运筹学的主要数学工具是高等数学和线性代数，而金融工程专业的许多学生是文科生，数学基础不够扎实且对数学公式和理论较为反感，课堂学习动力不足，课堂氛围不够活跃，在教学过程中经常出现默不作声、注意力不集中的现象。所以，在"运筹学"的教学过程中需要从学生角度出发，多用浅显易懂的语言和生动形象的例子吸引学生的学习兴趣，并通过数值实验培养学生的动手能力，在编程过程中巩固课堂知识，并通过课后作业加强学生对知识的吸收、理解和运用的能力。

虽然大学生已经具备一定的独立思考、自立生活、解决问题的能力，但是还没有完全进入社会，心理心智还不够成熟，因此需要通过思政教育稳定学生心态，理性思考，树立正确的世界观、人生观和价值观，这样既丰富课堂教学内容，又有利于立德树人，能够更好地为国育才。

第三节　树立规则意识：排队模型的应用

一、基于课程内容的思政设计

（一）教学内容

课程知识点：排队论——简单模型（M/M/S/∞）。
思政元素：科学精神、规则意识。
"简单模型（M/M/S/∞）"知识点属于《运筹学》第12章第2节第一部分内容，主要讲述"M/M/S/∞"模型公式及其指标，包括系统参数、系统稳态概率和四项主要工作指标（排队平均队长、平均等待队长、平均逗留时间、平均等待时间等,并运用实例讲述"M/M/S/∞(S=1 和 S>1)"模型的应用。

(二)教学目标

教学目标包括知识目标、能力目标和素养目标,具体如下。

1. 知识目标

(1)理解"排队模型"的发展、应用领域及价值。

(2)理解"排队模型"的基本概念,包括结构、特征(输入过程、排队规则和服务过程)及分类等。

(3)掌握"排队模型(M/M/S/∞)"的应用方法(模型参数、稳态概率及工作指标的计算分析方法)。

2. 能力目标

(1)培养学生文献阅读和实践场景应用的探索分析问题的能力。

(2)培养学生运用"排队模型"知识方法,提升解决实际排队问题的能力。

3. 素养目标

(1)通过对"排队模型"的发展及各类场景应用的研究,培育学生的科学探索创新精神和自信心;

(2)通过对"排队模型"知识点的教学,培养学生从复杂问题中找寻发展规律、建立规则的意识。

(三)课程思政融入策略

"运筹学"课程思政主要从教学方法和教学内容两方面着手融入思政元素,具体思路如下。

(1)教学方法融合"科学探索、创新思维、能力自信"思政元素。本课程主要围绕"排队模型",通过"学术文献推荐—场景应用分析—模型案例分析"教学模式和方法,使学生能够具有从其他学者理论观点、实际应用需求中探索科学知识和创新思维解决实际问题的兴趣、能力和信心。

(2)教学内容融合"问题导向、规则意识"思政元素。在教学内容的具体讲解过程中从中国学术文献中挖掘"排队模型"研究问题、从实践应用场景中思考实际排队问题、从复杂排队问题中抽象构建具有一定结构和规则的排队系统模型,让学生能从复杂问题中发现解决问题的规律和规则,树立起规则意识。

(四）课程思政嵌入实例

在课程设计中，课程内容与课程思政有机融合，主要体现在对"排队模型"的发展、应用领域以及例题等课程内容的讲解，反映出中国学术成就、中国场景应用和规则意识。

（1）通过课程检索"排队模型"的研究发展状况，包括研究数量、研究人员以及研究领域等方面所涉及的研究问题和观点，反映出中国学术成就，激活学生的科学探索和创新精神。

（2）通过介绍"排队模型"的应用领域，如中国防疫、就医、候车、参观等过程中各类排队服务的有效实施，强调"科学秩序、和谐文明"的重要性和排队问题有效应用的实践价值，增强我们有序应对各种问题的能力和信心，凸显中国的自强自信。

（3）通过对"排队模型"课程内容的讲解，从各类排队应用实践中总结形成排队系统模型概念、基本结构、特征、分类、数量指标以及排队系统输入输出过程等知识，从复杂排队问题中找寻具有一定基本规则和行为规律的结构化知识点，强调复杂的问题都应有其运行规律和基本规则，促使学生形成良好的规则意识。

二、教学设计、教学方法及教学实施

（一）教学设计

本节课程教学设计包括：①通过推荐学术文献来探讨"排队模型"的发展。②以实际应用场景分析"排队模型"的应用领域。③结合前述内容引入"排队模型"基本理论并以案例形式进行内容讲解。

（二）教学方法

整个教学综合采用了信息检索法、案例分析法、讲授法、讨论法、启发式教学、练习法等教学手段和方法，在讲授知识的过程中让学生体会到中国在"排队问题"研究和实际应用上的能力和自信，尤其是在有效有序应对疫情方面，提升学生的科学探索创新能力。

（三）教学实施

具体教学内容如下。

1. 通过推荐学术文献来探讨"排队模型"的发展

本课程首先通过文献检索，直观展示"排队模型"的研究发展历程。在"排队模型"主题研究方面，中国学者发表期刊论文数量就达到了 6 000 余篇，其数量-时间分布如图 8-7 所示；主要研究者如图 8-8 所示；领域分布如图 8-9 所示。

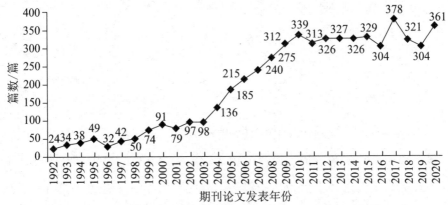

图 8-7　中国学者"排队模型"相关研究论文发表数量 - 时间分布

通过变换不同检索格式，从文献分析中提出问题并讨论，包括"排队模型"研究的发展趋势和热点？活跃的研究学者主要关注的研究问题及研究观点？研究领域主要集中在什么领域？各领域研究的主要问题是什么？等等。

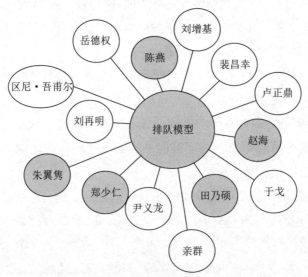

图 8-8　中国"排队模型"研究主要研究者

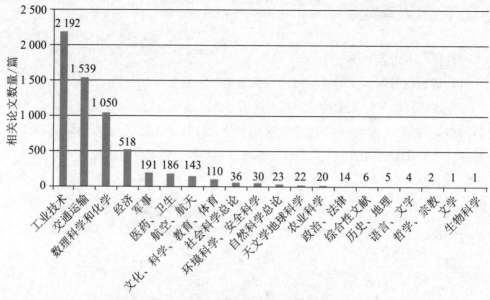

图 8-9 中国"排队模型"研究领域分布

思政内容：从本部分内容讲授中可反映出我国在排队模型方面研究的学术成就，在数量方面总体上保持增长趋势，研究领域广泛，有力体现出在"排队模型"研究方面中国的科学探索和创新精神，值得同学们学习。

2. 以实际应用场景分析"排队模型"的应用领域及问题

综合上文对排队模型研究领域的分析，我们结合实际应用场景案例思考一下哪些场景涉及排队问题？

提出问题并进行讨论，包括各类场景下的排队规则、排队时间、服务方式（设备、人员或者技术等）、服务时间等方面的比较和可能存在的问题，以及解决方法。这类排队问题归纳起来主要是下列问题。

（1）性态问题：目的在于了解排队系统的整体性质，如在瞬时或平稳状态下的概率分布及其数字特征。

（2）统计问题：目的在于为真实系统建立数学模型，如检验系统是否达到平稳状态，检验顾客相继到达时间间隔的相互独立性，确定服务时间分布，从而建立排队模型以用于真实系统。

（3）优化问题：包括最优设计问题和最优运营问题。前者是为设计一个未来的排队系统并使适当的利益指标函数最优化；后者是为控制一个现存排队系统如何最有效地运行。

思政内容：本部分是"排队模型"应用领域的互动教学，"排队模型"不仅在科学研究领域，而且在我国各类实际场景中也有广泛的应用实践，尤其是在我们日常的工作生活场景中，如车站、医院等。"排队模型"的应用实践进一步促进了我国社会发展更为科学有秩序、和谐文明，值得同学们持续关注、推荐和应用实践。

3. "排队模型"基本理论及案例分析

本部分结合上述场景问题，以讲授和案例分析为主，介绍"排队模型"相关概念、基本结构、特征、分类、数量指标以及排队系统输入输出过程等知识。

（1）结合前两部分讨论分析的场景和问题，引出相关概念描述：排队系统、队列（排队）、顾客、服务台、服务系统等。

（2）与学生一起思考讨论将复杂现实问题抽象为"排队模型"，比如将不同的排队问题归纳总结为不同排队规则的基本结构，如图 8-10 所示，引导学生建立起排队规则，树立规则意识。

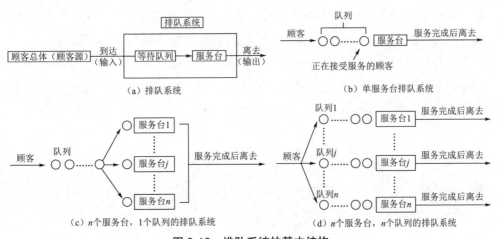

图 8-10　排队系统的基本结构

（3）排队系统的三个基本特征包括：①输入过程，主要是顾客源情况如何，顾客按照怎样的规律到达（泊松分布或者指数分布、定长分布、爱尔朗分布、一般独立分布等）。②排队规则，主要是顾客按怎样的次序与规则接受服务（等待制、损失制、混合制）。③服务过程，主要是同一时刻服务台能容纳多少顾客，为任一顾客服务的时间服从什么规律（泊松分布或者指数分布、定长分布、爱尔朗分布、一般独立分布等）。国际排队论符号标准化会议设置了 Kendall 记号的规范（图 8-11），以此来举例说明不同类型的排队及分类。

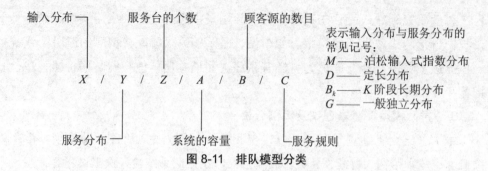

图 8-11 排队模型分类

（4）数量指标，包括队长、等待队长、等待时间、逗留时间、忙期、闲期、系统状态以及四项主要性能指标。L_s：平均队长，表示稳态系统任一时刻所有顾客数的期望值；L_q：平均等待队长，表示稳态系统任一时刻等待服务的顾客数的期望值；W_s：平均逗留时间，表示在任意时刻进入稳态系统的顾客逗留时间的期望值；W_q：平均等待时间，表示在任意时刻进入稳态系统的顾客等待时间的期望值；$1/\lambda$：平均间隔时间 = 总时间 / 到达顾客总数；$1/\mu$ 平均服务时间 = 服务时间总和 / 顾客总数；λ：平均到达率 = 到达顾客总数 / 总时间；μ：平均服务率 = 顾客总数 / 服务时间总和；n：表示系统中顾客的数量，包括正在接受服务的顾客和等待服务的顾客；P_n：表示在任意给定时刻系统中有 n 个顾客的概率。指标关系 Little 公式，如式（8-5）所示。

$$L_s = \lambda W_s \qquad L_q = \lambda W_q$$
$$W_s = W_q + \frac{1}{\mu} \qquad L_s = L_q + \frac{\lambda}{\mu} \qquad (8\text{-}5)$$
$$L_s = \sum_{n=0}^{\infty} n p_n \qquad L_q = \sum_{n=0}^{\infty} (n-1) p_n$$

分析排队系统的关键就是求解这些平稳数量指标（L_s、L_q、W_s、W_q）的值，而确定一个排队系统的平稳数量指标值的关键是确定排队系统中 P_n 的值。而 P_n 值的确定要用到两个参数——平均到达率 λ 和平均服务率 μ；这四项主要性能指标的值越小，说明系统排队越少，等待时间越少，因而系统性能越好。

（5）"M/M/s/∞（s=1 和 s>1）"系统模型应用，与同学互动讨论分析计算，并进行比较，如表 8-1 所示。

表 8-1 M/M/s 型系统和 s 个 M/M/1 系统的比较

模型指标	M/M/1 型	M/M/2 型
服务台空闲的概率 P_0	0.20	0.43

续表

模型指标	M/M/1 型	M/M/2 型
顾客必须等待的概率 P_n	0.80	$P(N \geq 2) = 0.23$
平均等待队列 L_q（人）	3.20	0.15
平均队长 L_s（人）	4	0.95
平均逗留时间 W（分钟）	60	14.25
平均等待时间 W_q（分钟）	48	2.25
顾客时间损失系数 β	4	0.19

通过对比分析，可以对不同排队系统做出判断决策分析。

最后进行课程总结，提出拓展任务，布置相关任务，要求学生采用软件工具分析计算，完成类似的排队问题的分析。

要求学生紧密结合排队就医，参观等实际场景展开思考，通过将复杂排队问题抽象建模，将其分解为具有一定基本规则和行为规律的结构化知识点，强调复杂的问题都应有其运行规律和基本规则，促使学生形成良好的规则意识。

三、教学总结及体会

"排队模型"是研究排队的规律。由于在生产、经济、社会活动中许多问题都可以转化为排队问题，因此"排队模型"涉及范围十分广泛。本部分内容教学注重"排队模型"的研究发展、与实际场景的结合，将复杂排队问题抽象建模，建立基本结构、排队规则以及相关数量指标，从学生易于理解和掌握排队问题的角度进行互动教学，提升学生分析问题和解决问题的科学探索创新能力，使学生对中国学术成就、中国实际场景应用等有着坚定的信心，树立规则意识，在学习、生活及未来的工作中倡导守规则、守秩序。

第九章 "信息管理学"课程思政典型案例

【课程基本情况】

信息管理学是研究人类信息管理活动一般规律的科学。"信息管理学"课程作为信息管理与信息系统专业的必修课,具有很强的专业特色,总共32学时。本课程从人类社会信息过程出发考察信息管理活动,重点介绍和讨论信息和信息管理的基本内容,结合网络及数字环境,研讨信息管理具体领域在网络环境中的应用,以及所出现的新发展和新动向。培养学生掌握信息管理的基本理论和方法,掌握信息产品开发的过程、方法和技术,掌握相关信息管理技术,熟悉信息产业的构成与发展,了解信息商品和信息服务,能够运用信息管理学原理、技术和方法,实施信息产品开发和信息服务。通过本课程的学习,为进一步学习"信息组织与检索""信息系统设计与开发""电子商务"等专业课奠定理论基础。

本章精选"信息管理学"课程的两个课程思政案例,以期借助新兴数字技术为"信息管理学"课程思政育人提供强有力的支撑,为思政内容提供创新方法与手段支撑。

第一节 大力倡导新时代"为人民服务"理念追求,提升"以人为本"的信息用户研究

一、课程思政教学整体设计思路

"信息管理学"课程思政的建设,需要注重厘清课程理论体系中蕴含的哲学思维,充分挖掘社会主义核心价值观、习近平重要讲话精神与"信息管理学"

之间的密切联系，特别是建设中国特色社会主义信息化社会、智能化社会的现实要求；树立课程思政理念并提供制度保障，提高教师参与热情和建设标准，提升教师课程思政建设能力；借助新兴数字技术为"信息管理学"课程思政育人提供强有力的支撑，为思政内容提供创新方法与手段支撑；进一步探索"信息管理学"课程思政典型案例的育人有效策略。

（一）总体思路

以"信息管理学"课程为载体，融入创新精神，以隐性教育的方法将思想政治教育的原则、要求和课程内容设计、课程实施等有机结合，充分发掘思政教育在"信息管理学"教学中的纽带联结点。首先，从我国悠久的传统文化中，从我国改革开放后信息管理的经验中，从当下网络信息情境体验中，深入挖掘与信息管理契合的思政教育内容；其次，在充分凝练信息管理学理论体系知识点的基础上，调动学生的创新思维，把握创新教育和信息管理学理论实践体系的契合点；最后，构筑面向"信息管理学"课程思政建设的知识结构体系、实践体系和话语体系。

（二）思政课程目标设计

"信息管理学"作为管理工程学院信息管理与信息系统专业的基础课，其教学目的是要求学生全面掌握信息管理学基本概念、理论和方法，掌握信息管理者职责与素质要求、信息管理基本思维方式等内容。教学过程中，强调社会科学育人功能，通过案例研讨，注入德育元素，加强思想理论教育和价值引领，将思政教育与信息管理学理论方法有机融合，结合大数据伦理教育，不断完善以构建创新社会、为人民服务为己任的"信息管理学"课程教学体系。

"信息管理学"课程目标设置如下。

目标1：将社会科学的形象思维、整体思维与自然科学的逻辑分析思维相结合，树立科学精神与正确价值判断。

目标2：掌握信息管理工作内涵，信息管理者知识、技能、职责与素质要求、信息管理相关的基本思维方式等。

目标3：掌握信息管理学中有关信息交流、信息分布、信息获取、信息组织与检索、信息服务、信息系统等相关的理论知识与实践方法。

目标4：培养学生的批判性思维能力、逻辑分析与判断能力、语言表达与沟通能力、理论联系实际能力、综合分析与关联能力、团队合作能力、组织与协调能力等。

目标5：培养学生的信息素养与多元思维，以及信息管理的实践能力、发现问题与解决问题的能力、自主学习与创新能力等。

（三）具体举措

"信息管理学"思政课程注重三个方面的设计：①注重引导学习。就是要求教师在课堂教学中加强引导，提高教学效果。通过提前布置预习内容，引导学生自主预习了解知识点脉络，通过课前自测分析学生预习效果，为课堂有重点的讲授提供依据；教学中注重引导学生按照既定的教学安排思考问题、组织作业与研讨交流。②促进自主学习。教师采取精讲的方式，将主要知识点、内容要点、学习关键点等直接明确提出，帮助学生建立基本的认知，为学生自主学习奠定基础；而后布置思考讨论题，启发学生深入思考，促进学生提高独立学习与思考的能力。③推进研讨学习。通过案例剖析、研讨交流，促进学生加强辩证分析与研究、自主实践与运用等能力，并结合思政内容强化对于新时代中国特色社会主义理论的理解与把握，掌握运用这一理论丰富实践操作的方法要领，培养学生成熟的组织价值观，帮助其树立着眼强国、实干、创新的理念素养。

二、课程思政教学方法及手段

"信息管理学"课程思政基于"互联网+"教学理念，充分利用网络平台和慕课堂为学生提供丰富的学习资源。教学方法主要包括案例教学法、小组讨论法、实战演练法和多媒体资源引导教学法等。

（一）案例教学法

以课程思政为目标，选择各章节讲解辅助案例内容，通过对案例传达出的观点进行批判性思考，提高学生提出问题、分析问题和解决问题的能力，进而使学生深刻领悟信息管理的基本思维方式。案例教学中，可根据情况灵活采取三种方法：①案例嵌入式，通常选取典型事件、典型人物或典型故事，在讲授过程中以举例的方式嵌入。②案例思考式，通常在课堂教学中的研讨环节或布置课后作业时，以案例为主题，引导学生思考讨论。③案例专题式，选取某一个具有代表性的专题，以案例为条件进行提示和讲解，进而引出相关理论再加以分析研究。

（二）小组讨论法

针对信息管理学中相关概念、信息交流、信息分布、信息获取、信息服务等几大专业领域设计思政专项讨论主题，组织学生分小组讨论，随堂交流讨论结果。分组可采取自由组合的方式组织，也可按自然班或教师随机指定的方法组织，每组均选定负责人或主发言人。讨论过程中，教师采取跟进检查、个别指导、随机抽问等方式掌握学生讨论情况，最后组织归纳交流发言。此过程可以充分调动学生的学习主动性和积极性，让学生在国家建设与发展的宏大背景下去主动思考问题、主动搜索信息、主动交流观点，树立健康的价值观、世界观和人生观。

（三）实战演练法

针对信息交流平台功能创新与设计、网络文献计量方法应用、信息源评价指标体系设计、基于量表的用户体验调研与分析等实践性较强的内容，根据学生课堂学习情况和学校周边可利用资源，组织学生进行操作实践，并从中挖掘当前中国信息化社会发展变化，引导学生体会社会主义制度与改革开放给中国带来的巨大变化，进而增强中国特色社会主义的道路自信、理论自信、制度自信和文化自信。

（四）多媒体资源引导教学法

通过收集、编辑信息管理学相关的、弘扬社会正能量、宣扬改革开放伟大成就、展示新时代中国发展的音频、视频、图片等多媒体资源，组织学生随堂观看，充分激发学生的学习兴趣，调动其学习积极性。在教学互动中，及时掌握学生的学习反馈，分析其学习中遇到的各种问题，进一步指导学生有针对性地学习。

三、教学过程

教学中,教师要在保持信息管理学主体教学内容与教学计划不变的基础上,立足由点至面、由事至理、全面融入的原则,大力弘扬中国特色社会主义核心价值观,特别是改革开放伟大成就为主线,突出辩证唯物主义根本指导,突出社会主义制度优势在信息管理领域的关键作用,突出确立正确合理的世界观、认识论和方法论的重要性,引导学生在理论学习中思考,在实践探索中求证,在自主研究中体会,进而培养学生强烈的爱国爱党意识和实事求是、大胆创新的精神。

下面以本课程第七章"信息服务"为例,展示思政教学的融入过程。

(一)复习与引导

通过课前测验、设疑法和引导法,完成复习与引导。(8分钟)

1. 回顾

在前几章中我们了解到信息的概念、特征,信息交流、分布、获取的规律,了解到信息组织与检索的原理与方法等内容。通过对这些章节内容的学习,我们充分了解到信息管理既要提升信息资源建设与管理的质量,更要关注信息管理的最终目标——以用户为中心的信息服务。请一位同学结合之前学习的内容,来谈谈可以从哪些已经掌握的理论、方法、技术入手,围绕"以人为本",分析讨论提升我国信息服务质量的可行思路与有效策略。

该部分既是检验学生前期所学知识,检查课前预习与课后复习情况,更是以问题牵引的方式,引导学生重新审视中国的信息化社会变革,探讨和思考习近平总书记"以人为本""人民至上"理念在现实中的体现。

2. 思考引导

通过对问题的思考,帮助学生理解之前章节的学习都是为了本章学习做准备,可以说它们是信息服务这一章的基础,是信息服务创新的重要切入点。使学生明白信息服务是信息管理活动的出发点和归宿,是信息管理学研究的重要内容和领域。信息服务实际上是传播信息、交流信息、实现信息增值的一项活动,即将有价值的信息传递给用户,最终帮助用户解决问题。

那么,信息服务都有怎样的特征和规律?未来的信息服务会有怎样的发展与前景?围绕"以人为本"的信息服务,该进行哪些方面的用户研究?应该应用哪些有效、合理、合法的手段来展开用户研究,保证在提供高质、便捷、舒适的信息服务的同时,不会侵犯信息用户的权益。让学生带着这些问题,进入本章的学习。

该部分以学习知识点入手,首先引导学生围绕知识点的科学内容进行思考与研究,抽丝剥茧,在讨论中引导学生进一步思考"以人为本"思想的根源、实质,以及信息管理关键理念的现实表达,从而带着"为什么信息管理需要贯彻这样的理念?""其科学性、现实性体系在哪里?""如何在实践中充分借鉴与运用"等问题进入学习主体板块。

(二)课堂内容讲授与互动

采用讲解法、设疑法、讨论法切入教材内容,讲授本次课程内容。(64分钟)

1. 信息服务的含义、内容与特点

(1)信息服务的含义。信息服务就是用不同的方式向用户提供所需信息的一项活动,它是以信息为内容的服务业务。作为服务的一种类型,信息服务是发生在信息用户与信息提供者、信息资源、信息服务系统之间的可以满足用户信息需求的一种或一系列行为。

(2)信息服务的内容。信息服务包括两个方面的内容:①信息资源管理,即对分散在不同载体上的信息进行收集、评价、选择、组织、存储,使之有序化,成为方便利用的形式。②信息用户研究,即对用户及信息需求进行研究,以便向他们提供有价值的信息。

这里需要学生关注的地方是信息服务两方面的内容是相互关联、相辅相成、缺一不可的。如果我们只关注信息资源建设,就会陷于信息服务的形式化,缺失了服务目标;如果只关心用户研究,用大量时间分析用户,给用户画像,刻意追求针对性、新颖性、个性化、经济性等方面,却没有高质量的信息资源作为信息服务的基础与后盾,那么信息服务也只能是一纸空谈。

(3)信息服务的特点。在信息服务过程中,信息源、信息活动和信息用户成为三个最基本的构成要素。信息服务的特点主要体现在三个方面:①知识密集程度高。信息服务要求服务人员和用户都要具有综合知识素质和知识储备。②信息用户参与度高。信息服务是一种以用户需求为驱动,并需要用户高度参与的交互性服务。③信息服务者与用户有较深的接触。信息服务是一种面向用

户动态且个性化信息需求的服务。

（4）组织讨论。让学生结合信息服务的定义与特征，分小组讨论：信息服务内容的两个方面之间存在怎样的关系？由此延展思考，当前信息技术的飞速发展，比如云计算技术、大数据技术、人工智能技术等，这些会对信息服务环境带来怎样的变革？对未来信息用户造成怎样的影响？信息服务的发展前景又将如何？

（5）讨论总结。我们已经了解了信息服务包括信息资源管理和信息用户研究两方面的内容。这里需要关注的地方是信息服务两方面的内容是相互关联、相辅相成、缺一不可的。

因此，做好信息服务，让信息用户感受到服务带来的增值，不仅需要能够提供优质的知识产品，而且还要求信息服务人员具备一定的综合素质与知识储备，通过提高信息用户的参与度与主动性，在与用户进行充分交互的基础上，向用户提供更为个性化的动态信息服务。这样才能保证信息服务能够脚踏实地、立足根本，保证提供"接地气"、符合我国国情和用户需求的服务内容。

在充分归纳专业理论研讨成果的基础上，进一步引导学生思考，进而提升学生主动学习、主动思考、主动实践，切实感受中国特色社会主义制度的优越性、科学性和创新性。

2. 网络信息服务

1）网络信息服务特点

网络信息服务是指信息服务机构为满足用户的信息需求，通过计算机网络提供经过加工、整理的信息产品和服务的总称，包括信息内容的加工处理、信息内容的提供、信息内容的存储与获取、网络增值服务、信息咨询服务等。

网络信息服务的特点主要表现在以下几方面。

（1）信息提供知识化。网络信息服务提供的是经过加工、处理的高浓缩的信息产品。

（2）信息服务社会化。网络信息服务机构能够最大限度地发挥信息资源效用，从封闭的一馆一舍走向开放的社会。

（3）信息服务虚拟化。网络信息服务突破了传统信息服务中的时间、空间限制，使得用户的信息检索、请求和获取更加快捷和及时，为用户节省了时间和精力。

（4）信息服务个性化。在面对不同的用户，信息服务的内容和过程、手段更加具有针对性、目的性。

2) 个性化信息服务与信息集成服务

(1) 个性化信息服务。个性化信息服务,就是面向用户的信息使用行为、兴趣、爱好、习惯、需求特点,为用户搜索、组织、选择、推荐、提供个性化定制信息服务的内容、系统和功能,以满足用户解决现实问题的信息需求。

个性化信息服务包括:①用户可以根据自身的需求定制自己所需要的信息。②互联网信息库针对用户服务的特点,主动为用户选择最需要的资源与服务,并根据用户的需求变化,动态地改变所提供的信息,让用户得到个性化的服务。

(2) 信息集成服务。信息集成服务是指在现代数字网络环境下,以现代信息集成理论和技术为基础,通过对服务要素进行集成与动态整合并构建优势互补的集成化服务体系,使用户在最短的时间里通过最小的成本利用到最需要的资源和服务的一种服务理念和模式。

根据信息集成服务的出发点和侧重点不同,可将其分为以下四种类型:以资源为中心的信息集成服务、以技术为中心的信息集成服务、以机构合作为中心的信息集成服务、以用户为中心的信息集成服务。

3) 组织讨论

互联网的出现,使得信息服务发生了根本上的变化。个性化和集成化是网络信息服务发展的两大方向。让学生组成讨论小组,通过查阅相关资料,思考个性化信息服务与信息集成服务之间是否存在矛盾之处?如何做才能保证个性化与集成化的有效融合,以提高网络信息服务质量,让用户获得更高的服务体验?

4) 讨论总结

个性化服务意味着要关注信息用户个体或者某一群体的需求特征,用户获得根据自身需求动态定制的数字资源,展开的是点对点的服务形式,极大地提升了信息用户的信息获取体验,提高了网络信息获取的效率。而集成化服务则强调的是信息资源、服务渠道与手段的集成、共享、互补等,是以最低的成本最大限度地满足用户的需求,不仅强调服务要素的集成,更强调服务内容与功能的集成和一站式服务目标的实现。

二者看似服务思路截然不同,但是面对互联网信息用户信息需求的多样性、差异性等特点,单纯对每一位信息用户提供个性化服务需要投入极大成本,造成社会资源的极大浪费。而且用户的信息需求从某一个具体视角来看,都有其共通之处,通过集成化服务,在提高服务质量和效率的基础上,实现社会资源效益最大化。教材中在集成化信息服务类型中还提到"以用户为中心的信息集成服务"，也就是以用户个性化的需求为导向进行信息服务要素的动态集成，在服务过程中强调用户的个性化体验和用户信息需求的满足，同时关注和挖掘用户的潜在信息需求。所以说，个性化、集成化只不过是向用户提供满足其信息需求的不同信息产品的设计思路，目标一致，殊途同归。

将当前我们已经领先世界的"互联网+"整体构架、基于5G的"微支付"、立足大数据支撑的"智能云"等作为贯穿全课的主线例证，设问"中国在互联网领域究竟领先了什么"，进而引导学生深入思考"为什么中国能够在这些领域后发先至"，通过研讨交流进一步强化学生对中国特色社会主义的道路自信、制度自信、理论自信和文化自信，更好地理解和把握创新、协调、绿色、开放和共享的发展理念。

3. 信息用户研究

1）相关概念

信息用户主要是指那些利用各种信息服务方式或信息交流渠道获取所需信息的个人和团体。

信息需要是人们在实践活动中为解决各种实际问题而对信息的不满足感和必要感。信息需要在实践活动和待解决的实际问题相对稳定的情况下处于一种多层次的结构状态，如图9-1所示。

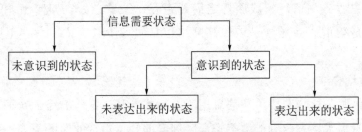

图9-1 信息需要的层次结构状态

意识到的信息需要即为信息需求。意识到而未表达出来的信息需要就叫作潜在信息需求；意识到并表达出来的信息需要叫作现实信息需求。

用户必须认识到其信息需要，拥有足够的内在驱动后，才向信息系统进行信息提问，成为信息系统真正能理解并提供服务的信息需求。因此，区分信息需要、认识到的信息需要、表达出的信息需要和向信息服务提出的需要这四者非常重要。

2）信息需求特征

（1）信息需求的多样性特征。用户信息需求的多样性来自不同角色扮演的信息需求，以及信息需求产生的环境。

（2）信息需求的知识性特征。信息服务在满足用户的信息需求过程中需要提供更多的知识支撑资源，以适时满足用户对知识的需要。

（3）信息需求的模糊性特征。用户信息需求是产生于用户对特定知识的特定欠缺状态，往往与一定的问题或决策相关，对应一个较广范围的知识领域，进而导致对自身的信息需求的模糊性认知。

3）信息用户的研究内容与方法

（1）信息用户的研究内容。任何一个信息机构或信息系统要开展有效的信息服务，必须调查掌握该信息机构或系统所服务的和可以提供服务的用户的职业特点、数量范围、知识素养等有关用户结构的情况及其发展变化的趋势，还要研究各类用户信息需求和信息行为的特点。信息用户研究包括以下主要内容：用户构成及分类研究；用户信息需求调查分析；用户信息心理规律研究；用户信息效用以及用户吸收信息的机理研究；影响用户信息需求和信息活动的因素研究；用户的信息保证研究。

（2）信息用户的研究方法。无论是设计和建立新的信息中心或信息系统，还是不断改善已有的信息中心或信息系统的服务工作，都必须用各种方法从各种途径对用户的信息需求和信息行为进行调查和研究。

这些方法主要包括：调查表法、访谈法、实验法和观察法、出声思维法、眼动跟踪法、视频捕捉法、网络日志分析等。

4）组织讨论

一方面，我们现在拥有的用户研究方法和技术多种多样，技术上越来越精准，应用越来越广泛，能够尽可能全面而准确地获取用户数据，用户在其中也是获益匪浅；另一方面，用户分析研究的结果在使用上却出现了很多问题，用户也深受其害。比如，某些电子商务网站的大数据杀熟，过于清晰的用户画像涉及用户隐私侵犯，甚至有些时候对于用户数据的采集与应用已经跨越了伦理道德和法律的底线。这种结果违背了信息用户研究的初衷，损害了用户的利益，也使信息服务机构的信誉受损。请结合这些情况，思考这些现象背后的根本问题以及解决方法。

5）讨论总结

离开了信息用户，信息系统和信息服务就没有意义，信息的价值也无法实现。信息服务的目标是满足用户切实的信息需求，"以人为本"就是信息服务的核心。虽然说更详尽地采集用户数据，可以更全面把握用户的信息偏好与真实需求，为用户提供更为精准的信息服务，但是如果技术进步使得用户数据采集更为便捷，因为可以避开用户的监督，就会使信息服务平台在获取用户信息方面无节制、无限制、无底线，以损害信息用户权益而获利，那么势必会带来各种用户隐私侵犯、利益受损等问题，如图9-2所示。这本身就违背了信息服务的核心目标。从法律制定、道德约束等角度来进行管理是必须的，但是从信息服务行业本身来看，是需要更多的组织和从业者重视精神文明的建设，不要忘记行业初心——一切都是为信息用户服务。这才是信息服务行业可持续发展的核心所在。

图9-2 电子设备用户数据采集侵犯隐私

该部分思政内容聚集公共道德问题，开小口解难题，以学生们平时生活中容易遇到的网购问题作为切入点，作为专业知识解读中的反例举出，在引发学生思考的过程中注入道德约束、法律约束等加权指标，进而引发学生深入思考网络信息领域的道德准绳与约束机制问题。通过讨论交流进一步帮助学生树立"用户至上"的服务理念，"我为人人、人人为我"的奉献理念，"清白做人、踏实做事"的道德理念；同时，加强法制观念，为社会主义法治社会贡献力量。

（三）课堂小结

通过讲解法和引导法进行课堂小结，帮助学生回顾本次课所讲内容，包括信息服务的概念、内容、特征，网络信息服务的发展，信息用户研究的内容与方法等。（10分钟）

网络信息技术的发展，使得信息服务从形式到内容都有了较大变化，且信息用户自身在信息需求、信息行为上也或多或少发生着改变。因此，对用户进行持续不断的分析研究是必须的，而且要根据信息用户的特点变化随时调整信息服务策略与方式。同时，还需强调，信息服务的目标就是为信息用户提供各种信息产品，提高用户获取、加工、吸收信息的效率与质量，帮助他们更好地解决工作与生活中的问题。因此，未来技术发展到怎样的程度，都不能脱离"以人为本"来谈信息服务，更不能为了一己私利来损害信息用户的合法利益。将来不仅要制定更多相关法律法规来规范行业行为，还要提升人们的精神境界，从道德伦理的视角来约束信息服务行业。

通过本章的学习，学生们清楚了解到用户研究在信息管理中的重要作用。信息管理各个环节或领域中，都离不开用户分析与研究。下次课将讨论课程第八章"信息系统"，涉及系统的特征、信息系统设计的流程与方法等内容，让学生提前思考在信息系统设计与开发的过程中，哪些环节需要用户的介入参与，才能够保证信息系统真正符合用户的需求。

本章节的思政内容，总体上围绕三个问题递进展开：①如何看待和理解当前中国社会巨变及其根源，坚定学生跟党走、为国奋斗的思想根基。②如何看待和理解中国在互联网领域后发先至的巨大优势，坚定学生坚持"四个自信"，践行五大发展理念的信心决心。③从网络信息服务反向引入，带领学生共同思考如何做人如何做事，进而坚定学生为伟大事业奉献、为强国兴邦作为的信念信心。

（四）课后提醒

布置随堂练习与课后作业。（8分钟）

（1）通过超星学习通 App 让学生随堂做 10 道基础知识选择题，并进行简单点评，从而帮助学生强化对本章基础知识的掌握。

（2）在用户信息需求特征的讨论中，我们了解到信息需求具有一定的模糊性特征。用户信息需求是一种派生需要，产生于用户对特定知识的特定欠缺状态，且信息需要与一定的问题或决策相关，面对的是较广范围的，或是不确定的知识领域。因此，用户的信息需求往往处于一种模糊状态。

如图9-3 所示，处于1号区域内的用户知道所需信息的存在和到哪里寻找；处于2号区域内的用户，知道所需信息的存在，但不知道到哪里找到它；如果用户位于3号区域内，那么他不知道需要什么信息，也不知道在哪里寻找。一般而言，用户常处于2号区域，往往需要信息服务平台的协助，从2号区域移至1号区域。当前信息环境已使信息服务人员有更多的机会解决3号区域的问题，既能为用户满足其不知道在哪里的信息需求，也能为用户提供没意识到的信息。

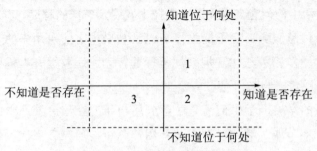

图 9-3　用户需求区域分析

请查阅相关资料,结合图 9-3,分析你如何看待用户的信息需求模糊性,这种模糊性的存在是利还是弊。如果是利,该如何更好地利用好这种模糊性,从而为用户提供更高质量的信息服务?如果是弊,你认为这种模糊性会导致怎样的后果,该如何避免或是解决此类问题?

将分析内容用文字表达出来,要求观点明确、逻辑合理、语言简洁顺畅,字数不低于 500 字。该项作业旨在帮助学生训练辩证性思维与文字表达能力。通过对问题的思考,可以让学生能够贴近信息用户实际,从深层面了解用户的信息需求意识的形成过程与表达选择。

四、教学效果

通过统计章节随堂测验数据,分析课堂讨论、课后作业等情况,初步达到了本章的教学目标,受到学生的普遍好评。学生总体上能够较好地理解并掌握本章节基础知识,能够掌握信息服务内容与发展,信息用户研究方法等内容;理解在信息服务中,信息资源建设是服务的基础,以用户为中心是服务的目标;意识到信息服务不能为了最大化追求服务的精准度,进而侵犯用户权益,需要通过法律规范和道德伦理共同约束。

本章教学过程中,以"为谁服务、服务什么、怎么服务"三个主命题为牵引,在引导学生讨论专业知识的基础上,拓展性思考信息服务背后所蕴含的服务理念,进而围绕中国共产党所倡导的"为人民服务"的宗旨,结合习近平总书记强调的"以人为本""一切为了人民、一切服务人民"思想,引导学生深入思考和探究这一核心思想在专业领域的结合点、联系点、落脚点,找准学习用力的方向,在进一步精深业务学习的基础上坚定理想信念,坚持伟大追求,坚实伟大实践。

在课堂设计上，首先从思政问题入手引发学生共鸣与思考，尽可能从当前国内热点问题出发，鼓励学生正视当下仍存在争议，且尚未被解决的问题，并积极思考提出自己的观点。由此，可以帮助学生意识到，自己是我们这个社会的一分子，很多事情都和我们密切相关，需要每一个人积极参与到问题解决中来，需要脚踏实地、立足根本，都离不开"接地气"、符合我国国情和用户需求的信息资源建设。而后，带着思政所确立的正确导向，转入专业内容的具体化分析，帮助学生认清信息用户的需求是多样性的，且动态变化的，需要提供各种类型的信息服务产品，使不同服务切入点相辅相成，形式不同，但是目标一致，即利用最小的成本为信息用户提供更高质量的服务。通过分析当前网络信息服务中的热点问题，再延伸到思政模块问题上来，引导学生看到信息服务行业本身需要更多的组织和从业者重视精神文明的建设，不能忘记行业初心，不能为企业利益或是一己私利随意损害用户的权益。通过这些思政内容的融入，帮助学生了解信息服务不仅是针对信息资源建设和用户行为研究，更重要的是要从一开始就树立起"为人民服务"的理念，一切以用户为中心，为各行业提供高质高效的信息产品，为整个社会的创新发展提供支持。

五、教学反思

（一）成功之处

（1）导学是实现课堂教学效果的必要前提。必要的引导对于提高学习效率至关重要，好的导学通常分为课前、课中和课后三个环节组织实施。

课前引导，类似于预习类引导，通过提示、下达提纲、明确讲义要点等方法，使学生了解课程整体设置、重要知识点分布、主要教学方法与手段等；课中引导，主要是教师当堂讲授时的教学方法，贯穿讲授的全过程，通常采取线上布置预习、发布内容提要、问题诱导思维、研讨归案疏导等方法，帮助学生紧跟教学思路，在教学设计的框架下展开学习；课后引导，主要是通过布置课后作业、思考讨论题和线上抽检作业、线上答疑等，帮助学生及时回顾课堂所学，进一步熟悉教学重点，切实掌握知识要点。

（2）"互动式"教学翻转课堂是实现教学效果的关键举措。单方面理论灌输的授课效果往往不佳，特别是嵌入思政元素与内容后更是如此，只有提高学生主动参与、主动思考、主动学习的积极性，进而从内心深处接受教学活动的各项要求，变被动学为主动学，才能更好地达成教学目的。一般情况下，以教师布置问题，学生独自或分组准备，逐一或抽点发言讨论的方式组织课堂；当学生课前准备充分，学生对于研讨内容参与度高的情况下，还可采取翻转课堂的方式，将讲台交给学生，使其转变角色，讲解剖析给其他学生，变听众为讲师，再由教师点评或归纳。

（3）案例教学是实现教学效果的重要补充。无论专业知识的教学还是思政内容的组织，案例都不可或缺，往往一个或几个经典案例的引用与剖析会起到事半功倍的效果。专业课的案例教学通常有三种：①辅助理论讲解的事例，把重要事例素材作为课堂讲授的必要支撑，用事实说话，用实事讲理，辅助学生提高学习效果。②微型案例，把案例素材作为研究讨论的必要主题，让学生充分调研、充分查证、充分思辨，提升学生摆事实讲道理的能力素养。③专门的案例分析课，把典型案例事例作为课程设计的必要模块，通过案例剖析问题、剖解知识，辅助学生理解知识、把握理论。思政内容则主要采用前两种。

（二）不足与改进措施

在本章教学中还存在一些不足，包括缺乏实践训练，线上辅助教学有所欠缺等。

（1）课堂上主要结合案例，通过互动讨论来加深学生对知识的认知与理解，信息用户研究方法的具体实践与操作等内容则是在实验课上进行，时间上的间隔使得教学有些不连贯，特别是思政内容的展开容易出现虎头蛇尾的现象。

（2）线上资源还需增加容量，不能形成持续性资源建设，不能及时增补前沿问题和社会热点，学生在问题思考过程中进行资料收集时会因为关注度有限，不能进行较全面的资料搜索，从而造成学生分析问题时出现偏差。

因此，在今后的课程建设与教学过程中，需要从以下两方面提升教学效果和质量。

（1）增加体验教学环节。设计一些可以在课堂上分组体验的任务，帮助学生更好地理解信息服务与用户研究的重要性与难度。比如，学习用户研究方法中的访谈法时，可以让学生选择某一具体的访谈主题，设计访谈问题，并在各组间交叉实施5~10分钟的访谈，并对访谈结果汇总研究后，分析整个过程中可取之处和存在的问题，并思考如何改进。

（2）加强线上教学资源的可持续建设与在线互动平台的维护。将信息管理学课程参考书籍、网络热点讨论资料、研究案例和试题进行数字化后上传到网络，帮助学生自主学习与拓展。同时，加强线上师生互动，随时解惑答疑。

第二节　以建设创新社会为己任，促进高质信息交流

一、课程思政教学基本情况

课程思政设计思路、教学方法及手段详见第一节相关内容。

二、教学过程

教学中，教师要在保持信息管理学主体教学内容与教学计划不变的基础上，立足由点至面、由事至理、全面融入的原则，大力弘扬中国特色社会主义核心价值观，特别是改革开放伟大成就为主线，突出辩证唯物主义根本指导，突出社会主义制度优势在信息管理领域的关键作用，突出确立正确合理的世界观、认识论和方法论的重要性，引导学生在理论学习中思考，在实践探索中求证，在自主研究中体会，帮助学生从理论与实践的结合上掌握信息管理中的一般概念、理论，以及发展规律，增强培养学生的综合素质，使学生能够用信息强能、管信息增效，帮助学生解决现实信息管理活动中遇到的实际问题，进而培养学生强烈的爱国爱党意识和实事求是大胆创新的精神。

本节以本课程第二章"信息交流"为例，展示思政教学的融入过程。

（一）复习与引导

通过课前测验、设疑法和引导法，完成复习与引导。（8分钟）

1. 回顾

在本课程第一章中我们了解到信息的概念、特征、类型，以及信息管理的相关概念与发展沿革等内容。无论是从信息概念的本体论层面看，还是从认识论层面看，都明确告诉我们信息反映了事物的客观存在与运动，需要在信息发送者与

接收者之间交流，才能显现出信息存在的意义和价值。而且在第一章第三节中，我们了解到人类社会信息发展过程。请一位同学来陈述一下人类社会信息发展过程是怎样的。

列举习近平总书记关于建设信息强国的指示精神，引导学生思考在建设中国、发展中国、强大中国伟大事业中，信息所起到的地位和作用。

2. 思考引导

我们从人类社会信息发展的过程中发现，连接信息发送者与接收者的是"信息流"，而正是信息交流的存在才维系住人类社会的存在与发展。因此，人类社会的基础在于通信交流。作为人类社会的一项重要活动，信息交流一直是人们所关注的研究领域。

信息交流是信息管理领域研究的核心内容，其研究主要集中在信息交流的模式与特征、信息交流用户行为与心理分析等方面，并对作为信息交流对象的信息内容本身有着深切的关注。如今，现代通信技术与网络技术从根本上改变了人类社会的形态结构，也对信息交流活动产生了深刻的影响。

那么，我们该如何理解信息交流呢？信息交流又在信息管理过程中起到怎样的重要作用？我们又该如何面向社会创新能力提升，为构建高效的信息交流平台和健康的交流环境做怎样的努力？请大家带着这些问题，进入本节的学习。

列举习近平总书记关于建设创新型国家的指示精神，引导学生思考信息交流在建设创新型国家中的功能与作用，并思考如何创新信息交流方法手段。

（二）课堂内容讲授与互动

采用讲解法、设疑法、讨论法切入教材内容，讲授本次课程内容。（64分钟）

1. 信息交流的相关概念

（1）信息交流。信息交流是指不同时间或不同空间上的认知主体（人或由人组成的机构、组织）之间借助于相应的符号系统所进行的知识、消息、数据和事实等信息的传递与交流的过程。

根据前面对信息特征的描述，仅在同一时间平面即横向去理解信息交流是不够的，还必须明确在不同时间点之间也存在着纵向上的信息交流。

（2）共时信息交流与历时信息交流。共时信息交流或横向交流，与我们传统的理解相一致，是指在同一时间平面上实现的信息交流，亦即此时此地或此时彼地的交流。如大众媒介向读者或受众传递信息的过程，或是同事、朋友之间的直接交流，或利用电话、电报、信函、互联网等手段来完成的信息交换。其主要功能是克服交流的空间障碍，达到及时的信息共享。

历时信息交流或纵向信息交流则是在不同的时间平面上，从纵向去考察人类社会的信息联系，全面理解人类社会信息发展过程，科学地实施信息管理。其主要功能在于消除交流的时间障碍，填补过去和现在的鸿沟，将古代与现代联系起来，为继承和发展提供条件。

共时信息交流和历时信息交流的功能及手段如表 9-1 所示。

表 9-1 信息交流的功能及手段

项目	信息交流	
	共时交流（消除空间障碍）	历时交流（消除时间障碍）
交流手段	互联网、传真、电话、电报、广播、电视、邮政、手势、旗语、钟、鼓、灯、烽火、口语、实物等	刻制光盘、拷贝磁盘、录音、录像、照相、绘画、文献、档案、古迹、文物、口语等

（3）组织讨论。引导学生结合已讲内容，展开问题思考，并组织小组讨论。即传统理解中的信息交流一般指的就是共时信息交流，那么跨越时间的历时信息交流的意义何在？它在我们的信息管理与社会发展中起到怎样的作用？

（4）讨论总结。思想交流等能够让人们知道自己是谁，从哪里来，由此，才能明白未来到哪里去，遗忘历史的民族是没有希望的民族。

需要强调我国悠久的文化传承、古籍的数字化、非物质文化遗产保护的必要性，因为不断创新是我们未来发展过程中的动力所在，而创新需要从历史中、从前人身上汲取丰富营养，这些都是帮助我们获得创新灵感与启发的源泉。另外，对这些文化传统、古人的哲学思想必须与时俱进、客观对待，要与新时代发展环境有机融合，不能随便涂改、戏说，更不能任由其他国家随便抹黑或者占为己有。列举党和国家领导人关于学习历史的经典表述，引导学生体会"扬弃"与辩证的唯物主义历史观。

2. 信息交流过程

（1）理论讲解。首先，信息交流规定交流双方都是具有认知能力的人，那么，信息的来源（对于信息接受者而言）必须是他人头脑（信息发送者 S）所提供的信息，而不是直接从自然或社会观察而获得信息。也就是说，我们交流的信息属于认识论层次的信息，即主观信息，是一种间接信息。这种信息是从本体论层次的信息，即客观信息，转换生成而来，生成转换器就是大脑，它是 S 认识的结果。

其次,信息交流还必须是交流双方的目的行为,即信息发送者 S 与信息接受者 R 均是故意要传递与接收信息。若仅有一方故意,则不属于信息交流行为。也就是说,R 有信息需求,S 有目的地提供信息。信息交流与认识过程如图 9-4 所示。

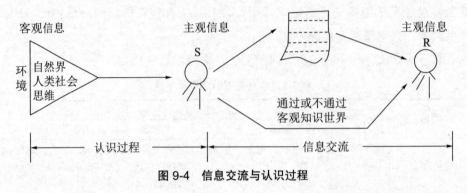

图 9-4　信息交流与认识过程

最后,信息交流过程涉及的都是人的主观信息,对于信息发送者 S 和接受者 R 而言,都有一个主观信息客观化、客观信息主观化的过程。比如,对信息发送者 S 而言,首先,是认知过程,这是信息获取和生成的前提,任何人都是通过客观信息来认识世界的,其主观信息是客观信息的映射或反映。其次,任何人都存在着信息输出过程,即人脑内部的信息通过人的行为转化为外部信息。

(2) 组织讨论。那么,围绕信息交流过程,以及过程中存在的这种"主观信息客观化、客观信息主观化",分小组讨论,探讨其到底会对信息交流过程造成怎样的影响,产生怎样的问题。

(3) 讨论总结。在讨论交流过程中,学生逐步认识到,信息在交流过程中,一定会受到交流参与者的主观认知的影响,信息发出者采用不同的视角,信息接受者认识到的信息就会存在差异性。

我们在信息交流时,一定要谨慎对待接收到的信息,对信息进行鉴别与验证,防止信息发送方附加过多的主观态度影响到我们自己的判断。同时,在与他人交流时,也要尽可能客观冷静,避免将个人主观认知和情绪等过多加入进来,影响到最终的交流效果。

对于西方先进的科学认识与概念理论,我们既要积极主动地学习与吸收,更要注意鉴别其中可能隐藏的不良思想的影响,不能让带有明显意识形态色彩的"自由思想"影响甚至左右学术理论,更不能让其危害国家社会主义建设进程;要深刻认识信息交流的重要性和科学方法,更加注重合理运用和创新信息交流渠道、手段，积极主动弘扬主旋律，同时加强对外传播能力的建设。

3. 信息交流的条件和要素

（1）理论讲解。信息交流是一种社会性过程，它的实现需要一定的条件和要素，这些条件和要素包括信息发送者、信息接收者、交流通道、符号体系、知识信息库、支持条件等。

信息发送者：信息的初始来源。

信息接受者：信息的最后接收者或利用者。

交流通道：即信息到达接受者所经过的渠道。发送和接受信息的基本通道是交流双方的感官系统，包括视觉、听觉、味觉、嗅觉、触觉等。其他通道或技术系统仅仅是这些感官通道的扩展、延伸或变换。

符号体系：即信息传递交流时依附的载体，包括语言、文字、手势、表情、信物、烽火狼烟、旗语、计算机语言等，还包括这些符号体系内部各符号元素之间互相联系与组织的方式及规则。

知识信息库：人脑知识信息的总称，包括人所创造的各种知识或信息。

支持条件：自然条件、技术条件、社会条件。

这六种要素，在信息交流过程中缺一不可。比如，交流是在主体之间进行的由主体头脑中存在的知识信息库存储或处理的主观信息交换，但是必须借助一套双方都理解的符号体系将信息传递出去，那么就要看怎样的交流通道更适合这套符号体系，能更大限度地将信息传递出去且保证信息接受方能更高效地收到信息，并真正理解信息。而整个信息交流是一定会受到外部的自然、技术、社会等条件的影响的，也就是任何信息交流环境都不是均质的，一定会受到各种外部环境因素的影响，这就使得信息交流中要面临交流对象、符号体系与交流通道等的选择。

（2）组织讨论。我们在现实生活中经常发现，人们在信息交流过程中，交流对象、符号体系、交流通道等的选择都没有问题，可是交流效果经常不尽如人意，甚至会产生一些误会，影响后续的合作与发展。分小组讨论：到底是哪些方面出了问题，导致了误解产生？我们在网络上进行信息交流是不是也经常出现这种情况？该如何解决？

（3）讨论总结。上述情况发生很正常，尤其是在非面对面的互联网上进行交流的时候。首先，人们在传递信息时，会根据自身的主观认知，进行传递内容的筛选与删减，导致内容传递不全面；其次，采用的信息形式（如符号体系）不适合的话，不能完全承载要表达的内容，或双方信息背景不同，对信息解读出现偏差，也会阻碍信息接受方对内容的接收；最后，信息交流通道也会出现传递信息不完全的情况，或因为外界环境影响导致信息失真或是部分损失。这些都可能是造成信息交流误解的原因。

因此，我们在设计网络信息交流平台时，要考虑到如何帮助线上交流的双方更高效地传递信息，就需要从信息交流的各要素入手。比如，为了能更好地表达情绪，人们在线上交流过程中发明了表情包，用各种不同类型的表情包将自己的情绪或者无法用文字表达的内容传递出去。当然，用户也可通过相关软件自己设计表情包。但是，需要注意的是，表情包不可以随便设计、应用，因为很可能会触及对方的文化禁忌，或是因交流背景不同造成理解偏差，甚至会涉及对方或者第三方的隐私问题。表情包设计、使用不当的话，很可能会影响到交流的正常进行，过犹不及。

以学生们熟悉的网上交流方式为切入点，以小见大引发公共道德问题的思考，进而引发学生深入思考网络信息领域的道德准绳与约束机制问题，通过讨论交流进一步帮助学生树立正确的道德观念，引导学生准确理解习近平总书记强调的政治品德、职业道德、家庭美德、社会公德等，争做新时代"四德"大学生。

4. 信息传递模式

1）理论讲解

无论是直接交流还是间接交流，信息的传递模式一般有以下四种方式（图 9-5）：多向主动传递、单向主动传递、多向被动传递、单向被动传递。

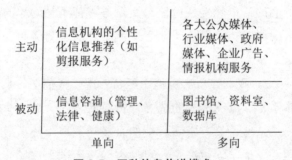

图 9-5 四种信息传递模式

（1）多向主动传递。这种方式是信息针对整个社会的需要将自己生产或收集到的信息主动传递给事先未确定的接受者，如书商关于新书新刊目录的传播与分发，信息中心对二次文献（或信息）的选择报道，网站对信息的选择发送等。多向主动传递已经发展成为专业信息服务的基本形式。专业信息服务机构通过对大量一次信息加工整理，以"浓缩"后的二次信息向信息接收者提供，大大提高了信息交流的效率。

（2）单向主动传递。这种方式是信息发送者在调查了解用户需求的基础上，将信息传递给事先确定的接收者。这是专业信息服务中的高级阶段，所传递的信息具有针对性和及时性，能充分发挥其效用。

（3）多向被动传递。这种方式事先也没有确定的接受者，是面向整个社会开展的信息服务，如图书馆、信息中心的书刊资料阅览和借阅服务，网站信息服务等。到信息中心或图书馆的用户、点击网站信息的用户是主动的，而信息传递本身是被动的，故也称为无向被动传递。

（4）单向被动传递。这种方式主要是指信息发送者开展的信息咨询服务。信息发送者根据自己掌握的知识、经验和信息资源接受信息接受者的咨询。咨询的问题可能涉及各个方面，如获得某一信息的线索，某一具体数据或事实，要求能得到圆满的解答。

2）组织讨论

这四种信息传递模式有其具体特征与应用范围，但是绝大多数情况下，它们是组合式出现、互补短长的。让学生分小组讨论，比较分析这四种信息传递模式的优势，在网络环境中又分别具有怎样的特点。

3）讨论总结

这四种信息传递模式互相联系，不能相互替代，需要长期共存。它们各有优势，面对不同的信息传递需求和用户特征。多向主动传递是专业信息服务开展的各种信息传递中最基本、最重要的信息传递，以此为基础，其他几种信息传递才得以进行；多向传递一般比单向传递容易；主动传递相对被动传递较为容易；单向被动传递是信息服务的理想目标，能最大限度地发挥信息的效用。在网络环境下，这四种信息传递模式选择性高、针对性强的优势进一步加强，并且融合了网络平台带来的时间间隔短、信息交流迅速、直接、生动、反馈快等优点。

社会创新一定是在信息的持续交流中才得以实现，不同的交流模式能起到不同的创新支持作用。单向，意味着信息精准投放，意味着定制化服务，多是面向有特定信息需求的用户；而多向，就意味着信息内容多，受众多，就需要将多种类型的信息有组织聚合，用户在信息选择上拥有更大的自由度，更能激发用户的创新思维。那么在现实信息服务过程中，尤其是在互联网信息环境下，就需要根据用户的切实需求以及用户的信息能力与素养，有针对性地提供信息传递服务，帮助用户在信息交流中更有效地选择高质量信息，进而快速分析与吸收信息。

从信息交流的重要意义入手，列举信息交流在中国近年来高速创新发展中的功能作用，引导学生正确看待信息交流的基础性作用，进一步反思当前信息传递模式存在的弊端与不足，大胆创新优化信息传递方式途径，增强立足学研谋创新搞创新的志气与信心。

（三）课堂小结

本部分通过讲解法和引导法展开课堂小结。（10分钟）

帮助学生回顾本次课所讲内容，包括信息交流的概念、过程、要素以及信息传递模式等。并向学生强调，网络信息交流相对于传统信息交流既具有优势，也存在不足。其优势在于信息交流范围广、内容丰富、形式多样、快捷、信息存储量大、交流成本减少、内容简短、交流效率提高等。而有待解决的问题也有不少，比如交流内容质量保证问题、信息过滤难度增加问题、网络安全问题、网络稳定性问题、知识产权问题等。随着信息环境的变化，未来的信息交流会面对更高层级的技术革新，优势必然会带着问题，也就是说未来信息交流的问题会层出不穷。只有时刻把握信息环境发展趋势，深入了解用户信息交流需求变化，才能向用户提供更优质的信息交流服务。当前，中国正向基于人工智能、大数据、区块链等前沿性技术的智能化、信息化社会转型，信息交流作为未来创新必不可少的关键点，也只有创新发展一条路。

当然，我们需要了解信息是以怎样的规律分布，才好以此为基础，为用户提供信息交流服务。下次课将讨论第三章"信息分布"，涉及马太效应、信息内容的离散分布规律、信息生产者分布规律和信息时间分布规律等。

（四）课后提醒

布置随堂练习与课后作业。（8分钟）

（1）通过超星学习通App让学生随堂做10道基础内容的选择题，并进行简单点评，从而帮助学生强化对本章基础知识的掌握。

（2）移动网络是指从可连接到无线网络的移动设备（如智能手机、平板电脑等）使用应用程序或基于浏览器访问互联网。我们现在通过移动终端进行的信息交流活动越来越多，就是因为移动信息交流具备持续交互、实时交互、空间共享等优点。请学生充分查阅移动信息交流的相关文献，不仅要对其优势进行更深入的分析，还要思考：移动信息交流会给现代人们带来什么样的社会问题？从信息交流服务的角度来看，该如何解决这些问题？

将分析内容用文字表达出来，要求观点明确、逻辑合理、语言简洁顺畅，字数不低于500字。该项作业旨在帮助学生训练多视角思维与文字表达能力，设计的问题贴近学生的生活实际，每位学生都有切身感受，通过查阅资料容易形成自己的观点并加以论证。同时又能让学生转换角色站在未来信息服务行业的视角来思考问题，在问题思考与解决过程中，提升其实践认知。

三、教学效果

通过对章节随堂测验、课堂讨论、课后作业等情况的统计分析，能够看到，学生总体上掌握了本章节的基础内容，对信息交流各要素对交流效果产生的影响有了深入理解，能够利用本章所学知识分析现代网络信息社会中存在的信息交流问题。因此，初步达到了本章的教学目的。

在本章的教学过程中，利用网络信息交流中热点问题，找准与思政内容的精准切入点，灵活采取例证引导、模块植入、全面融入的方法，让学生有兴趣主动参与思政内容的研究讨论，起到良好的教学效果。由于人类社会的存在离不开信息交流，很多话题都可以从身边发生的事情中寻找，比如文化传承、新闻鉴别、表情包等。学生可以从这些内容中充分意识到，信息交流在社会创新中的重要价值。另外，还能让学生认识到，在现实信息服务过程中，尤其是在互联网信息环境下，面向创新社会建设，以用户为中心，按照用户的切实需求、信息能力与素养、工作任务性质等，有针对性地提供信息传递服务是非常必要且有重要意义的。在我国，对创新高度重视，能够利用信息服务资源平台和技术，帮助用户在信息交流中更有效地选择高质量信息，进而快速分析与吸收信息，这必然让学生充分感受到信息管理与信息系统专业的自豪感，不断增强建设社会主义现代化强国的信心和意志。

在课堂讨论问题的设计上，不仅针对本章节基本知识点，还尽量让学生能够跳出生活的小圈子，从国际视角来思考信息交流的问题，让学生有机会站在国家、社会管理的角度，用专业知识去分析、解决问题。这样学生能够认识到很多问题其实与自身密切相关，比如我们国家和西方国家在媒体环境中一直以来都存在一个"没有硝烟的战场"，比如当我们的传统文化和技术被其他国家申遗成功，对我国历史、文化的影响到底怎样等。比如我国开放免签并延长过境逗留时长便利旅行和文化交流，此举促进了国际人员流动和信息交流，增进了全球对中国的了解，优化了国际舆论环境，提升了中国国家形象。这些都需要学生站在国家、社会的角度去思考，同时引导他们在探讨问题的过程中不断扩展知识、提升能力，促进数字化服务升级，增强经济活力，为构建人类命运共同体贡献力量。

四、教学反思

（一）成功之处

（1）教师对教学活动和学生的引导至关重要。课前进行纲领性引导，帮助学生了解课程整体设置、重要知识点分布、主要教学方法与手段等，便于学生进行有针对性的准备；课中进行内容性导学，线上布置预习、上课前发布内容提要、讲课中及时引导思维，帮助学生紧跟教学思路，在教学设计的框架下展开学习；课后进行补充性导学，帮助学生及时回顾课堂所学，进一步熟悉教学重点，切实掌握知识要点。

（2）充分发挥学生自主学习效果，进行互动或翻转课堂，极大提高了教学质效。强调教学互动并不仅仅是教学方法问题，更重要的是提高学生主动参与、主动思考、主动学习的积极性，进而从内心深处接受教学活动的各项要求，变被动学为主动学；翻转课堂要求学生在主动参与的基础上，通过课前自主预习提前熟悉教学内容，进而在课上转变角色，讲解剖析给其他学生，变听众为讲师；教学互动促进学生自主学习、相互学习，不仅提高学生对知识的理解与把握，更促进其主动研究、分析，甚至实践，变知识为能力。

（3）丰富的案例、事例、范例使教学活动生动且易于接受。丰富的案例、事例和素材，是教学取得明显效果，深受学生欢迎的重要条件。注重典型案例教学运用，把典型案例、事例作为课程设计的必要模块，通过案例剖析问题、剖解知识，辅助学生理解知识把握理论；把重要事例素材作为课堂讲授的必要支撑，用事实说话，用实事讲理，辅助学生提高学习效果；把案例事例素材作为研究讨论的必要主题，让学生充分调研、充分查证、充分思辨，提高学生摆事实讲道理的能力素养。

（二）不足与改进措施

在本章教学中还存在一些不足，包括缺乏实践训练，线上辅助教学有所欠缺等。

（1）课堂上主要结合案例，通过互动讨论来加深学生对知识的认知与理解，但在引导学生更深入体会实际信息服务时，针对可能会出现的问题以及解决方案方面，还欠缺一定的实际体验与操作。

（2）线上资源还需增加容量，不能形成持续性资源建设，当讨论前沿问题时，学生仍然需要多方搜索、寻找参考资料来思考问题，学习效率较低。

因此，今后的课程建设与教学过程中，需要从以下两方面加强以提升教学效果和质量：

（1）增加课堂实践过程。通过切实体验网络信息交流平台服务功能，尤其是移动信息交流平台，帮助学生站在用户角度体验交流效果与质量，发现可能存在的问题，并加以分析，给出解决方案。

（2）加强线上教学资源的可持续建设与在线互动平台的维护。将"信息管理学"课程参考书籍、参考资料、案例和试题数字化处理后上传到网络，方便学生自主学习。同时，加强线上师生的互动，随时解惑答疑。

第十章 "信息系统设计与实现"课程思政典型案例

【课程基本情况】

"信息系统设计与实现"是信息管理与信息系统专业本科生的重要专业基础课程和主干课程之一,总学时为32学时。该课程将信息系统开发的理论和实践相结合,以面向实际需求的信息系统开发为入手点,通过完成一个综合性软件项目,引导学生综合应用前期所学知识,开展信息系统分析、设计、实现,使学生较全面地了解信息系统分析、设计、实现的过程,掌握用例模型、行为模型、分析类和设计类模型等的建模,并能够将设计类模型转化为程序设计中的代码,完成系统由设计到实现的映射,为今后从事信息系统开发与研究积累实际操作经验,培养信息系统开发能力。

课程依托多种资源和手段,开展师生互动思政教学,深度分析和挖掘信息系统设计和实现中的思政元素,培养学生的团队协作精神和爱国主义精神,引导学生树立信息系统开发中的正确伦理道德观,培养信息系统开发领域的行业荣誉感和责任意识,帮助学生培养和发展自主学习和创新精神,培养持续发展的个人价值观。

第一节 系统开发中的伦理道德

一、课程思政教学整体设计思路

（一）总体思路

依托多种资源和手段，开展师生互动教学，深度分析和挖掘信息系统设计和实现中的思政元素：①与学生探讨信息系统开发中的伦理问题，引发学生对于信息泄露、系统后门等信息安全问题的思考，树立信息系统开发中的正确伦理道德观，培养信息系统开发领域的行业荣誉感和责任意识；②引导学生认识和了解信息系统开发领域的行业前沿，探讨技术更新和业务创新对于信息系统开发领域从业人员的重要意义，培养和发展自主学习能力和创新精神，培养持续发展的个人价值观；③小组合作完成信息系统开发实践，培养团队协作精神，强化学生对团队协作意识的认知；④介绍自主知识产权的信息系统技术和产品，潜移默化中培养学生爱国主义精神，树立为中华民族伟大复兴而奋斗的目标。

（二）教学目标

（1）知识与技能目标。掌握用户管理的概念范畴，认识"用户管理"功能模块在信息系统设计与实现中的重要性，以"用户管理"功能模块为例，理解系统功能模块的设计实现过程；培养学生综合运用程序设计、数据库、数据结构等前导课程知识，解决信息系统开发中实际问题的能力。

（2）思政教育目标。探讨信息系统开发中的伦理问题，帮助学生建立正确的道德观；引导学生拓展学习数据加密等技术，培养持续发展的个人价值观；鼓励学生开展团队合作，培养协作精神；带领学生应用自主知识产权技术，培养学生的爱国主义精神。

二、课程思政教学方法及手段

（一）线上线下混合式教学

"信息系统设计与实现"课程采用线上线下混合式教学方法，整合线上线下专业教学资源，实现静态与动态相结合，课内学习与自主拓展相结合。

线上教学依托南信大教育在线平台/超星学习通进行理论知识讲授，通过设疑法、讨论法、引导法等教学方法，引导学生理解理论知识，并利用 QQ 群开展课程辅助教学。课程的线上教学资源包括教学视频、PPT、知识点小结、常见问题解答、随堂测试、讨论题、单元测试和作业等，如图 10-1 所示。线上教学内容主要以信息系统设计和实现的理论知识为主，包括当前行业主流的面向对象设计思想和 UML 设计模型、MVC 设计模式以及当前主流的信息系统开发框架等。通过这些理论知识点的讲授，让学生对知识点有理性的认识。与此同时，通过案例引导学生思考信息系统开发中的伦理问题，通过介绍信息系统设计与实现的新技术引导学生自主学习，介绍自主知识产权的信息系统技术和产品，培养学生的爱国精神。

图 10-1　南信大教育在线平台"信息系统设计与实现"课程界面

线下教学以实践指导为核心，通过任务驱动法、演示法等教学方法，引导学生对理论知识开展实践运用，根据教学内容和教学主体的差异性，提升学生的主体性，激发其积极性和主动性。线下教学模拟信息系统实际开发过程，以小组为单位，由学生自行组织协作，完成信息系统需求分析、设计到实现的整个开发过程，教师在前期进行实践演示，在后期观察、督促项目进展，并解决开发中的瓶颈问题，引导学生培养协作精神，以及面向问题积极学习的能力。

(二)课前—课中—课后链式教学

课前环节:我们利用超星学习通平台建课,对超星平台资源和自有教学资源进行整合。根据教学进度,对线上线下教学环节进行设计,不断补充完善线上资源,使得线上和线下的内容能够互为支撑,形成适合课程特点的混合式教学体系。

课中环节:按照既定教学进度,推动线上和线下教学活动。在线上教学中,依托超星学习通平台进行签到,并通过QQ群开展课堂讨论、师生问答等教学工作。在线下教学活动中,以任务为驱动,开展信息系统设计与实现的演示、实验和现场指导。

课后环节:利用超星学习通平台的课程体系、课程统计、数据管理、班级管理等功能,准确把握学生的学习动态,把握课程的教学活动和教学进度。通过超星学习通平台、QQ通信功能及时有效地为学生答疑解惑,加强师生沟通。

三、教学过程

本节以"用户和权限管理"功能模块的设计和实现为例展示教学过程。

(一)复习与引导

借助课前测验,采用设疑法、讨论法、引导法展开复习与引导。(5分钟)

回顾:复习从用例获取、领域分析到类设计的系统开发内容和要求,回顾用例、领域和类的主要分析和设计要求。请同学们打开超星学习通的"信息系统设计与实现"课程,回答课前测验题:在用例分析中"用户管理"能否作为一个独立的用例存在,应该如何提取用例?在领域分析中,"用户管理"会涉及哪些概念呢?

以任务组为单位开展讨论,请一个任务组简要回答,点评该回答,并导入本次课程的核心任务。

(二)理论讲授

采用设疑法、讨论法、引导法展开课程内容的理论讲授。(15分钟)

1. 用户管理和权限管理的概念范畴和应用场景

概念范畴： 用户管理，顾名思义，提供对用户信息的管理功能，包括用户注册、用户登录、用户信息修改等功能。权限管理提供对资源安全访问规则或者策略的管理，一般与用户管理功能配合，实现对功能、数据等资源的授权访问。

应用场景 1： 在教务管理系统中，学生和老师都可以通过用户名、密码登录系统，这就是用户管理所提供的用户登录功能；在登录系统后，可以对个人的各项课程信息进行访问，但是不能访问他人信息，这就是权限管理中的安全访问规则在发挥作用。

应用场景 2： 在企业管理系统中，每个部门的领导只能管理本部门的人员、流程和相关数据报表，不能跨部门访问，而每个员工的权限就更少了，往往只能访问个人负责的流程、数据报表，只有领导授权才能访问其他的信息和功能，这是权限管理中的安全访问规则和授权机制在发挥作用。

请大家联系实际，找找日常生活中涉及的各种用户管理和权限管理的场景。

例如：淘宝 App 中提供了"我的淘宝"，对用户信息、个人交易信息等进行集中管理，并提供安全访问规则或者策略，保障个人信息不被泄露；而商品搜索等功能的权限则是完全开放的，登录用户或者游客都可以进行访问。

引导学生思考用户管理和权限管理的必要性和重要性。用户管理及权限管理一直是应用系统中不可缺少的一个部分，系统用户很多，功能和数据也很多，用户和权限管理模块的设计一方面满足不同用户对系统功能的不同需求，另一方面也是用户信息安全、系统安全的重要保障和基础。

信息系统建设的质量、进度和成本问题一直困扰着开发方和用户方，似乎已经成为一个解不开的结。当前国内企业的信息系统建设过程中，绝大多数用户无法组织团队对建设过程进行专业化管理，难以胜任工程控制、工程验收的管理与组织协调工作。用户只能依靠开发方进行被动决策，无法了解项目实际进展情况，缺乏对开发过程有效的监督和控制，从而使自己的权益无法得到保证。

用户和权限管理模块是系统开发中最常见的部分，但往往也是最不出彩、容易忽略的部分，这也导致该模块成为伦理道德问题频发的区域：①为了降低开发工作量，部分系统开发人员忽视甚至故意简化用户和权限管理模块的开发，那么必然会给未来系统的运维和使用带来很多信息安全和系统安全隐患。②为了方便系统升级和维护，用户和权限管理模块中往往会隐藏一个超级管理员，该管理员具有完全的权限，可以访问所有的数据和功能，如果系统开发人员动机不纯，则可能发生严重的信息泄露问题，给用户方带来巨大的损失。

系统开发伦理道德具有法律、法规和制度保障。相较于传统强调以道德约束作为主要手段维持伦理秩序，这种制度化的优势在于其强制性程度更刚性、执行效率更高，就如同与纯粹的道德呼吁相比，红绿灯和交通监控设施更能维持交通秩序一样。在信息系统开发层面，国家和行业已经制定了很多法规、制度来约束伦理道德问题，如《中华人民共和国计算机信息系统安全保护条例》《中华人民共和国网络安全法》《规范互联网信息服务市场秩序若干规定》《中华人民共和国计算机软件保护条例》等。在信息系统开发中应严格遵守法律、法规和各项制度，维护伦理道德的基线要求。

系统开发的道德准则是防止专业技术人员滥用技术的第一道也是最后一道防线，如图 10-2 所示。以软件工程师道德规范、人工智能治理原则为例，来说明系统开发人员应树立的道德标准。

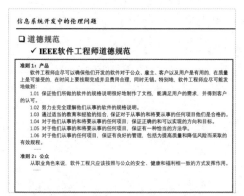 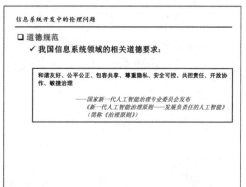

图 10-2　系统开发道德规范

请学生结合道德规范要求，发表自身学习生活中有关使用计算机的体会，并结合系统开发进行思考。

2. 用户和权限管理的设计

为了兼顾效率与安全，一般采用基于角色的访问控制（Role-Based Access Control，RBAC），就是用户通过角色与权限进行关联。简单地说，一个用户拥有若干角色，每一个角色拥有若干权限。这样，就构造成"用户 - 角色 - 权限"的授权模型。在这种模型中，用户与角色之间，角色与权限之间，一般是多对多的关系。

遵循 MVC（Model-View-Controller）设计模式，则可以将概念模型映射到 Model 中的类设计。让学生回顾 MVC 设计模式的相关知识，并引导学生一步一步将概念关系转换为 Model 中的类设计，如图 10-3 所示。

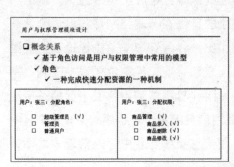 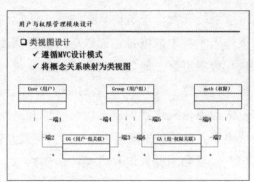

图 10-3 用户和权限模块设计

假设现有开发框架已经提供对用户和权限管理中基本模型的支持，但是由于开发框架的通用性，难以直接应用该框架中的用户和权限管理功能，如教务系统中的用户信息属性、企业管理系统中的员工信息属性差别就很大，那么我们如何使用通用的"用户权限管理"模块，来满足个性化的管理需求呢？

引导思路：一是可以通过类继承机制，将原有模块中的类代码复用；二是在原有用户权限模型的基础上扩展新的类，补充个性化信息需求，如图10-4所示。

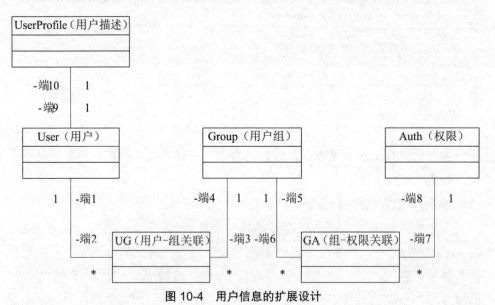

图 10-4 用户信息的扩展设计

你们知道有哪些支持 MVC 设计模式的开发框架呢？Python 是近年来非常热门的编程语言，它是否提供对 MVC 的支持呢？

信息技术的发展日新月异，各种新的开发语言、框架层出不穷，这就要求我们不断学习新技术，树立持续发展、终生学习的发展观。我们当前的学习，从小的方面来说是发展个人知识和技能,从大的方面来说,我们每个人都在为中国抓住全球化发展机遇做贡献,每个人都在为祖国复兴做贡献。

(三)实践指导

采用任务驱动法、演示法、实验法完成实践指导。(20 分钟)

1. 用户和权限管理模块演示

在 Pycharm IDE 平台上,应用 Django 开发框架搭建项目,在对开发项目进行简单的配置后,启动服务器。对 Django 所提供的用户和权限管理功能模块进行演示,如图 10-5 所示:

- 创建用户组,并对各个用户组的权限进行配置,实现多种用户角色设定。
- 为每个用户选择相应的用户组(角色),该用户的权限就是用户组的权限。

图 10-5　Django 用户和权限管理模块演示

通过演示,学生对用户和权限管理形成直观的认识,理解基于角色的权限管理 BRAC 机制是如何实现的。

Django 中的用户和权限管理模块提供了基础管理功能,还有哪些功能需要补充?

回顾用户和权限管理的概念范畴,分析功能要求,至少还需要完成用户注册、登录、个人信息查询和编辑等功能的实现。

创新是当今时代的重大命题,大学生作为未来的科技工作者,应在学习和实践中融入创新思想,从业务需求入手,应用新技术、挖掘新业务、构建新功能。在开展功能分析的时候,可以当前的功能为基础,发散思考,哪怕是小小的改变、完善,也是一次积极的创新尝试。

2. UserProfile 模型实现

通过创建 UserProfile 模型，展示如何在 Django 平台上进行模型的编写；依次执行数据迁移命令"python manage.py makemigrations""python manage.py migrate"，并通过 SQLiteStudio 软件打开项目中的 db.sqlite3 文件，展示经过数据迁移后，数据库中产生了一个与 UserProfile 模型对应的数据库表，如图 10-6 所示。

图 10-6　UserProfile 模型实现指导

让学生回顾"数据库原理"课程中数据表的相关知识，分析模型和数据库表之间的相似、区别和关联之处，从而深入理解 Django 的 ORM（object relational mapping，简称 ORM）机制。

让学生以小组为单位，根据特定的信息系统应用背景，讨论该背景下 UserProfile 应该包含哪些属性，进行 UserProfile 模型的针对性设计，并以组为单位合作开发 UserProfile 模型的相关代码，包括 models.py、admin.py 文件中的代码，实现对 UserProfile 模型的数据库迁移、后台管理等基本功能。

团队协作是信息系统开发的必然途径，保持良好的团队协作既是系统成功开发的重要保障，也是软件工程师的道德规范要求。引导学生认识团队协作的重要性：团队，是为了实现一个共同的目标而集合起来的一个团体，需要的是心往一处想，劲往一处使；需要的是分工协作，优势互补；需要的是团结友爱、关怀帮助；需要的是风雨同舟，甘苦与共！简单来说，团队精神就是大局意识、协作精神和服务精神的集中体现。培养团队精神的核心就是通过良好的沟通进行优势互补，引导学生积极参与团队讨论，互助、互补，完成任务。

3. 用户注册功能实现

通过编写 register 视图函数和前端模板、设置 urls.py 文件中的 url 路径，向学生展示 HTTP 请求和响应的处理过程，引导学生理解服务器内部各模块之间的协作关系，形成对信息系统架构设计的直观认识，如图 10-7 所示。另外，通过 register 视图函数，带领学生回顾程序设计、数据结构和数据库等课程中涉及的知识点，包括线性表结构、数据库查找和过滤等，将其综合应用到函数编写中。

图 10-7　用户注册功能实现指导

（四）课堂小结

采用讲解法、引导法展开本次课程的课堂小结。（5 分钟）

带领同学回顾基于角色的权限管理 BRAC 机制的实现原理，以及用户和权限管理模块的设计重点、实现步骤，以此为例，简单说明一般功能模块的设计和实现过程，为后续业务功能模块的设计和实现进行前期导入。

（五）布置作业

让学生以小组为单位，协作完成用户登录功能的实现，包括 views.py、

admin.py、urls.py 文件中的代码开发和调试，实现对用户登录信息的查找、核对，并将结果通过 HTTP 响应展示在前端页面。通过应用实践，巩固课程知识，实现课程内容的融会贯通。

五、教学效果

（一）教学理念

"信息系统设计与实现"是应用性很强的课程，该课程的教学应突出以应用为导向，注重对学生实践能力的培养。教学中需要整合线上线下专业教学资源，实现静态与动态相结合，理论和实践相结合。建设完善的在线课程资源，指导学生开展理论知识的自学和拓展。积极转变线下课程教学模式，以引导学生解决实际问题为目标，强化理论重点和难点，指导学生开展应用实践。此外，积极应用多种在线平台，通过发布讨论等方式加强师生、生生互动。

（二）教学风格

在理论教学中，对理论要点进行逻辑性较强的讲授，条理清楚，层层剖析，环环相扣。在实践教学中，教师要模拟系统开发的真实环境，让学生以项目组的形式开展，通过项目组内部的沟通、协作，解决系统设计和实现中的一系列问题，教师则对项目中的难点和问题进行把握，开展引导、总结归纳。在这样的教学风格中，学生的主动性能够极大地激发出来，对于解决课程中的疑难问题效果较好。

（三）教学互动

教学互动体现在超星平台、QQ 群这两个渠道的教学活动中，如图 10-8 所示。在超星平台上，学生在该平台有学习和讨论记录，教师有回答和点评，该过程以文字和量化数据的方式展现了师生的教学互动，展现了学生的学习态度。在 QQ 群里，上课过程中的师生问答、讨论环节中的学生积极性与活跃度，体现了学生的学习热情以及学生对教师的认可度。

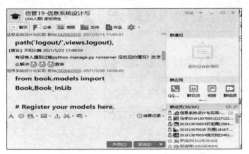 

图 10-8 教学互动

从教学实践看，学生在 QQ 群上课期间和课后都表现活跃，经常进行提问、讨论，对教师的回应很积极。学生在超星平台的学习情况也较为良好，能够积极完成在线课程学习，并完成相关的测试和讨论。

（四）学习评价

传统的学习评价方式包括课堂评价、期末考试。在新的线上线下教学条件中，我们将传统评价与线上评价结合起来。评价体系包括：平时表现评价、在线平台的统计评价、系统设计和实现成果评价。

平时表现评价，包括出勤率、点名回答、讨论表现等。在线教学平台的统计评价，包括学生对网络任务点的完成情况、章节测试等。系统设计和实现成果评价，则对各小组完成的原型系统和报告进行考核。

六、教学反思

（一）坚持课程教学与思政结合，培养学生的道德情操

从新时代的教学形势出发，立足"大思政"格局，本课程坚持知识传授与价值引领相统一、显性教育与隐性教育相统一的原则，充分发掘课程知识点中蕴含的思想政治教育资源，并通过线上线下、校内校外相结合的方式，优化教学手段，提高思政教育的灵活性，让学生在潜移默化中树立为祖国复兴而奋斗的远大目标，建立学生的自主学习和长期发展的理念，同时培养学生对于行业的责任感和荣誉感。未来的教学中，还需要继续努力寻找思政主题与教学内容的融合点，并结合案例，来讨论信息道德等现实问题，培养学生正确的人生观、价值观、道德观，以育人为课程建设的第一目标。

（二）充分应用互联网手段，拓展学生知识获取渠道

课程现有的线上线下混合式教学模式，能够开展启发式、讨论式、探究式教学，不仅可以激发学生丰富的想象力，还以项目化方式加强学生的主动参与意识，使课程的教学模式逐渐从老师教为主向学生学为主进行转变，取得了较好的教学效果。但目前线上资源的应用还以视频、测试、讨论为主，需要继续丰富互联网教学手段，拓展学生获取新知识的渠道，培养学生主动实践能力。

（三）发展研究性教学资源，为学生提供多层次的适应性教学模式

云计算、大数据等新兴技术的普及与应用正改变着组织信息技术系统的建设与交付方式，共享服务、弹性计算服务、数据化运营等新思想也给组织流程、管理模式带来冲击与影响。一些求知欲强、思维敏锐的优秀学生已不满足课堂上的知识讲授，希望能够参与一些前沿领域的课题，为其升学、出国奠定科研基础。因此，后续课程中需要进一步发展研究性教学模式，通过层次化的教学资源设置，为学生提供多层次的指导。

第二节 信息系统设计时是否可以随意命名

一、课程基本情况

基本情况参考本章第一节相关内容。

二、课程思政教学整体设计思路

（一）总体思路

依托多种资源和手段，开展师生互动教学，深度分析和挖掘"信息系统设计和实现"中的思政元素。一是与学生探讨信息系统开发中的冲突、冗余和一致性问题，让学生认识信息系统设计规范制定的必要性和重要性，建立信息系统设计与实现的规范化理念；二是通过文档规范的设计和应用，从细节展现信

息系统设计实现中的规范化行为，引导学生在"信息系统设计与实现"中执行规范，进而培养学生在生活、学习和工作中遵守规范的能力。

（二）教学目标

（1）知识与技能目标。认识信息系统设计与实现中的主要技术标准规范，理解技术标准规范在信息系统开发中的重要性，并以命名规范、布局规范为例，介绍规范的设计和应用，解决信息系统开发中的一致性、可理解性、规范性问题。

（2）思政教育目标。探讨信息系统开发中的标准规范问题，帮助学生建立学习、工作中的规范化理念，并将规范化理念由学习、工作延伸至个人生活、社会生活中，围绕社会主义核心价值观，培养尊法守法、文明律己的社会主义公民。

三、课程思政教学方法及手段

"信息系统设计与实现"课程采用线上线下混合式方法进行教学，整合线上线下专业教学资源，实现静态与动态相结合，课内学习与自主拓展相结合。

本课程采用线上线下混合式方法进行教学，线上教学主要利用南信大教育在线平台/超星学习通进行，并利用QQ群开展课程辅助教学。南信大教育在线平台/超星学习通的资源包括教学视频、PPT、知识点小结、常见问题解答、随堂测试、讨论题、单元测试和作业等。

根据教学内容和教学主体的差异性，在课堂上引入设疑法、讨论法、引导法等教学方法，提升学生的主体性，激发其积极性和主动性。在引导中进行课程思政教育，实现价值导向与知识技能培育的统一。

为开阔学生的视野，给学生分享文献拓展材料，如《网易设计规范》《城市地理信息系统设计规范》等，一方面帮助学生了解设计规范的应用范畴，另一方面激发学生的学习热情。

四、教学过程

本节以"信息系统设计和实现中的命名规范"为例展示教学过程。

（一）复习与引导

借助课前测验，采用设疑法、讨论法、引导法展开复习与引导。（5分钟）

回顾：复习信息系统设计中的主要任务，回顾 Python MVT 模式下，系统实现时需完成视图代码编写、模型代码编写、模板代码编写三类实现任务，请同学们打开超星学习通"信息系统设计与实现"课程，回答课前测验题：在大型信息系统设计和实现中，协调一致的团队合作是稳步推进系统建设的前提和基础，那么如何保证团队内各项工作的有效衔接呢？

以任务组为单位开展讨论，请一个任务组简要回答，点评该回答，并导入本次课程的核心任务。

（二）理论讲授

采用设疑法、讨论法、引导法展开课程内容的理论讲授。（30分钟）

1. 信息系统技术规范的概念与范畴

概念：技术规范是标准文件的一种形式，是规定产品、过程或服务应满足技术要求的文件。信息系统技术规范，顾名思义，即信息系统设计和实现过程及产品中应满足的技术要求。

讨论：请大家联系实际，找找日常生活中涉及各种技术规范的应用场景。

应用场景1：具有全球漫游功能的移动电话可以在全世界上百个国家自由地漫游通话，就是因为这么多的国家都使用相同的移动电话技术规范来建设电话信号收发设备，所以手机就可以在世界各地畅通无阻地使用。

应用场景2：打开网易、淘宝等知名网站，在其中某个网站的各个网页之间进行浏览，大家可以发现同一网站下的各种网页，在颜色、字体、布局，乃至按钮等细节上的处理都是统一的，这就说明各个网页在设计和实现时必定遵守了统一的界面规范。界面规范统一了各个网页的风格，使用户使用起来能够建立起精确的心理模型，当熟悉一个界面后，切换到另外一个界面能够轻松推测出各种功能，令使用便捷。

范畴：信息系统技术规范的内容非常丰富，从数据库命名规范，表名字段名规范、开发文件名规范、指令传参名规范、界面布局规范到界面设计配色规范，对信息系统开发中的每一项需要对接和交互的内容都进行了规范。

遵守规范是信息系统开发人员的重要守则。曾经，一位部队的军官对士兵们进行射击训练,每一个动作必须分毫不差。士兵们纷纷抱怨军官过于严苛,能打中靶不就可以了?军官说了这么一段话:这些动作没有一个是无用的或者是多余的。是无数前辈付出了鲜血甚至生命的代价,从实战中总结提炼出来的射击方式。你们认为是无用的,是因为你们不懂。比如这个动作,你们可能觉得多余。但是在战场上,你不按照这个动作做,就可能走火误伤自己人!严格按照规范操作,是成为一个合格乃至优秀战士的前提。同样地,严格遵守规范是每个信息系统开发人员的行为准则。

2. 信息系统技术标准

概念范畴：技术标准是对标准化领域中需要协调统一的技术事项所制定的标准。它是根据不同时期的科学技术水平和实践经验,针对具有普遍性和重复出现的技术问题,提出的最佳解决方案。

概念辨析：技术标准和技术规范相辅相成,技术标准是由专业机构,根据长期的实践经验,制定出来的最优技术规范,而规范则以标准为核心进行补充拓展,以规范信息系统开发的过程和产品。简单来说,在制定信息系统技术规范时,若有国家或行业标准,则应遵守技术标准,在没有国家或行业标准时,则酌情补充规范。

讨论：请大家使用线上工具,查找当前我国在信息系统领域的主要技术标准,并说明其应用场合。

在信息系统开发领域,我国目前已经提出了很多国家级技术标准。这些技术标准的制定,既反映了我国在信息化领域的水平和成果,也为未来信息化领域的发展提供了有效助推,如图10-9所示。

```
信息系统标准规范制定

❏ 技术标准
  ✓ 信息技术 软件工程术语 GB/T 11457-2006
  ✓ 系统与软件工程 用户文档的管理者要求 GB/T 16680-2015
  ✓ 计算机软件文档编制规范 GB/T-8567-2006
  ✓ 计算机软件需求规格说明规范 GB/T-9385-2008
  ✓ 系统与软件工程 软件生存周期过程 GB/T 8566-2022
  ✓ 质时管理体系 基础和术语 GB/T 19000-2016
  ✓ 计算机软件可靠性和可维护性管理 GB/T 14394-2008
  ✓ 信息处理-数据流程图、程序流程图、系统流程图、程序网络图和
    系统资源图的文件编制符号及约定 GB/T 1526-1989
```

图10-9 信息系统技术标准内容

引导思考：知识经济时代的到来,使世界范围内的技术标准竞争越来越激烈,谁制定的标准为世界所认同,谁就会从中获得巨大的市场和经济利益。因

此，一个时期以来，发达国家政府都争先恐后地加大力度进行标准化战略研究，试图在技术标准竞争中牢牢掌握主动。

华为、中兴、用友等优秀的民族企业注重科研创新，经过几十年的不懈努力，拥有多项自主研发产品，并在国际标准化组织中争取到了一席之地，让中国制造在国际上掌握越来越多的话语权。

通过真实案例引导学生对国家战略、信息行业发展进行思考，提升国情认识和社会责任感，增强爱国热情和民族自豪感。同时，通过行业技术专家的奋斗经历，以及他们在研究工作中展现的科学态度、价值取向和社会责任感，引导学生体会信息领域创新的艰辛和所需的坚毅品质，鼓励学生以他们为榜样，志存高远、报效祖国。

3. 命名规范的制定和应用

在项目开发中，命名规范是最常见的技术规范，由于这项规范没有可依据的国家标准或行业标准，因此需要在项目中统一制定命名规范。在以Python Django为基本框架的信息系统设计和实现中，需涉及大量的App、类、属性、参数、方法和函数，这些都是需要命名的对象，在命名时既要避免冲突，也要保证可理解性和一致性。

针对App、类、属性、方法和参数的命名，介绍一些常用的命名方法，包括小驼峰法、大驼峰法、下划线法等，如图10-10所示。

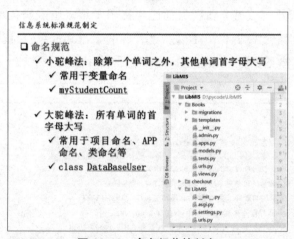

图10-10　命名规范的制定

通过一系列的例子，引导学生认识这些命名规范的制定和应用效果。如，项目命名规范是指项目命名最多使用三个英文单词（缩写形式），单词需体现该项目中的主要对象和功能，并通过大驼峰法组织单词。按照该命名规范，图书馆管理系统命名为 LibMis，Lib 是图书馆的缩写，Mis 是管理的缩写。局部变量命名规范是指局部变量命名最多使用三个英文单词，单词需说明该变量的实际含义，并通过小驼峰法组织单词。按照该命名规范，学生管理系统中的学生账户可命名为 myStudentCount，当然也可以使用缩写 myStuCnt。

讨论：命名规范的制定有何作用？

良好的命名规范可以为团队合作开发推波助澜，无论在项目开发，还是产品维护上都起到了至关重要的作用，是程序员之间良好沟通的桥梁。

4. 界面布局规范的制定和应用

一个规范的信息系统，对应同样类型的页面，一定要统一布局，这种布局不一定是统一的死表格，而是统一的风格，就像是建设一个住宅，把欧美风格和中国古典风格拼在一起的话，会给使用者和浏览者带来一种怪异的感觉，所以系统界面布局风格一定要统一。

回顾：前导课程"HTML/CSS 网页设计"中 .css 样式文件的作用和构成。

页面布局规范通常不是以命名规范中文字的形式给出，往往是通过预先定义系列的样式文件，对页面布局和风格进行统一，包括全局样式、框架布局、字体样式、链接样式、打印样式等文件，如图 10-11 所示。

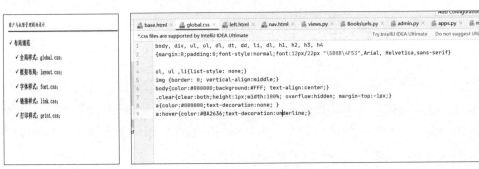

图 10-11 页面布局规范的制定

遵守规范不仅限于信息系统技术领域，在生活中我们更应遵守社会规范和规则。党的十八大提出要倡导富强、民主、文明、和谐，倡导自由、平等、公正、法治，倡导爱国、敬业、诚信、友善，积极培育和践行社会主义核心价值观。党的二十大报告指出，社会主义核心价值观是凝聚人心、汇聚民力的强大力量。其中，爱国、敬业、诚信、友善是公民层面的价值要求。我们应以爱国、敬业、诚信、友善为准则要求自己，努力做社会主义道德的示范者、诚信风尚的引领者、公平正义的维护者。

（三）课堂小结

采用讲解法、引导法展开本次课程的课堂小结。（5分钟）

带领同学回顾信息系统技术标准规范的概念、内容，以及命名规范的制定方法、界面布局规范的制定方法，并简单介绍淘宝、网易等互联网企业的主要技术规范文档的格式，引导学生理解文档也是信息系统设计和实现过程中的重要依据和成果，为后续信息系统设计说明书的规范和拟制进行前期导入。

（四）布置作业

阅读网易等企业的技术规范，借鉴完成各小组课程任务系统的技术规范的制定，包括 App、类、属性、参数、方法和函数的命名规范，以及界面的布局和配色方案，并在系统开发中应用上述技术规范。通过应用实践，巩固课程知识，实现课程内容融会贯通。

五、教学反思

（一）以任务为中心，促进价值内化

"信息系统设计与实现"课程是实践和理论并重的课程，让学生以任务为中心，开展理论方法的应用和实践，并通过组内合作讨论，提升学生分析解决问题的逻辑性和批判性思维能力，激发学生的创新意识，培养学生的合作精神和沟通能力，促进学生将显性知识内化为能力。

（二）以民族荣誉感、行业荣誉感为激励，激发学习兴趣

通过民族企业的奋斗和发展历程介绍，激发学生的民族荣誉感，引导学生将个人的成长发展与国家需求和民族命运结合起来，不断学习和进步。通过行业创新案例，增进学生对信息管理专业的热爱，激发学生的学习兴趣，创建优良学风。

第十一章 "公共气象服务"课程思政典型案例

【课程基本情况】

"公共气象服务"是一门具有气象特色的全日制经济管理类本科生的专业选修课程,总学时数为32学时。本课程侧重于理论教学,内容涵盖决策气象服务、公众气象服务、专业气象服务,以及气象科技服务、防灾减灾、气象气候资源信息的利用等。本课程是以大气科学和管理学知识为基础,涉及灾害学、地理学、经济学、社会学等多学科交叉的综合课程。通过本课程的学习,学生能够较全面地了解公共气象服务的相关理论,气象服务的客户需求、产品的加工制作、应用过程,信息产品生产过程中遇到的问题及解决办法。本课程可以为学生将来从事公共气象服务、应急管理、大数据分析,以及其他公共服务等工作提供理论支持。

本课程的思政建设应引导学生了解我国公共气象服务、应急管理等政府或相关行业的工作性质和重点,理解政府部门"上下联动"保障人民生命安全的重要意义,使学生坚定道路自信、理论自信、制度自信和文化自信的理念。

第一节 以人为本,上下联动,应对灾害

一、课程思政教学整体设计思路

(一)总体思路

通过问答形式,引导学生理解气象灾害的复杂性,理解我国为什么采取"以人为本"的灾害应对机制,政府部门如何"上下联动"保障人民的生命安全。

气象部门如何快速组织、制作应急信息。坚定学生道路自信、理论自信、制度自信和文化自信的理念。

（1）引导学生了解灾害应对的复杂性，理解政府部门"以人为本"的灾害治理理念。首先进行案例的背景介绍，引导学生思考在灾害来临的时候，每一个公民、政府相关机构应该如何应对灾害。由于学生对该领域并不十分了解，他们想的策略比实际的灾害应对策略肤浅得多。通过这种引导，增加学生对祖国、政府、制度的信任。

（2）详细介绍气象部门和政府的应急工作。鼓励学生换位思考，自己是否能够做得如此好？如果不能，应该提升哪些专业素质，才能够胜任气象或者其他政府部门的工作？树立学生努力求学的理念，培养学生成为合格的社会主义接班人。

（二）教学目标

（1）知识与技能目标。掌握决策气象服务的相关概念、基本原理、服务内容和服务方法；理解决策气象产品制作方式、流程和特点。培养学生运用灾害应对的理论和方法，在灾害发生时进行自救和他救；增加学生制作应急决策气象服务系统的相关知识。

（2）思政教育目标。理解如何实现"以人为本"的治理理念。通过了解我国的灾害应对历史，增强学生的文化自信；通过熟悉我国政府部门"上下联动"的灾害应对过程，增强学生的制度自信；通过相关法律法规介绍，增强学生的道路自信；通过决策气象服务制作过程的学习，增强学生的理论自信。

二、课程思政教学方法及手段

本课程以线下教学为主，并利用学习通开展课程的线上辅助教学。以课堂讲授知识点和学生对相关问题展开讨论为主要形式。以学习通作为辅助工具，发布教学内容预告、PPT课件、知识点总结、问题解答、讨论主题、单元测试和作业等。

根据教学内容和教学主体的特点，在课堂上采用情景分析法、小组讨论法、头脑风暴法、系统分析法等教学方法，提升学生的主体性，激发其积极性和主动性。在引导中进行课程思政教育，实现价值导向与知识技能培育的统一。

（一）情景分析法

在课堂中，引导学生进入某种情景，可以提高学生的注意力，减少学生注意力不集中的问题。在上课开始阶段，将近几年我国遭受台风的等级、风力、降水量、气压和破坏程度等信息和图片展示给学生，引导学生进入灾害情景中。在灾害情景中，学生扮演政府职员的角色，即灾害来临时期，学生的首要职责不再是自保，更重要的是要保护数千万人的生命、财产。在这种情景下，学生开始思索应该如何保护社会。

（二）小组讨论法

分小组讨论。小组讨论的优点是能够形成比较系统的建议，在相对轻松的氛围下，学生互相之间可以启发思维。小组主要讨论三个方面的问题：①在法律、法规层面，如何才能保障社会有序防灾减灾；国家需要出台哪些法律及配套措施，才能保障在有限的应对时间内，完成灾害应对目标。②在管理层面上，如何防止出现消极怠工问题；采用何种机制保障每一个应对人员均能够尽职尽责。③在决策气象服务产品制作方面，决策气象服务制作需要何种信息，这些信息可以如何获得，如何加工，如何传递给决策者。

在小组讨论阶段，允许学生通过手机查阅资料。要求学生将本组讨论结果粗略整理，并由一位同学代表发言。

（三）头脑风暴法

每个小组派一名同学作为代表，将本小组的讨论结果书写在黑板上。为了提高书写效率，黑板上已经有的条目，不需要书写。对于意见相左的回答，由各方代表陈述理由。一般情况下，针对一个问题会形成一黑板的解决策略。这种方式提高了学生的学习参与意识，并使学生学习到了一种解决问题的方法。

（四）系统分析法

学生书写的条目可能存在表述不同、内容相同的情景，这时使用系统分析方法，将学生想到的解决方案进行归类，并对问题回答进行总结。一般情况下，学生思考问题的维度与专业特征有关，信管专业学生的答案更多涉及管理层面，涉及治理层面、操作层面的回答相对较少。需要向学生解释我国为什么会有"纵向到底，横向到边"的灾害应对模式，出台了何种法律、法规保障灾害治理成效，以及如何监管保障管理效率，部门如何进行信息收集、处理等。

三、教学过程

本节以教材第三章《决策气象服务》中第二节《决策气象服务的制作方法》为例进行说明。

（一）复习与引导

采用讲述法回顾相关知识并引入本次课程内容。（3分钟）

教师回顾上节课的知识，即第三章中决策气象服务的起源、相关概念、服务产品类型等，帮助学生进入学习状态。然后，介绍本次课程的主要内容，使学生产生学习预期。当课程内容超过学习预期时，学生会产生满足感，增加学习兴趣。

（二）案例引入

采用情景引入法引入案例，进入本次课程背景。（10分钟）

以2016年9月台风"莫兰蒂"袭击我国厦门为例，向学生介绍台风的危害、造成的损失，以及我国的减灾成效。

引入案例内容：

2016年台风"莫兰蒂"袭击厦门，登陆点实测最大瞬时风力达17级（63.7米/秒，229.32千米/小时），台风中心风力达15级（约48米/秒，172.8千米/小时），登陆点上百千米范围内，风力达14级（约42米/秒，151.2千米/小时），造成厦门65万株行道树倒伏，6座220伏大型铁塔、45座110千伏变电站被毁，房屋倒塌损坏800余处，工棚宿舍等损坏5 348处，地下车库积水23处，受淹车辆近5 000辆。如此强的自然灾害，发生在一座常住人口达 392 万人（2016 年）的城市中，仅因灾死亡 1 人。中国推行的以人为本的灾害应急响应机制为什么能够取得如此好的减灾效果，需要系统整理，以便于推广、学习，为世界减灾提供支持。

在案例引入过程中，从"莫兰蒂"的覆盖海域，引出可能受灾的区域、区域的经济以及人口等信息。"莫兰蒂"的破坏性极强，为了形象说明其破坏性，引用网络图片加以说明。

台风会给所经过地区带来灾害影响。那么，假设学生自己是省长、市长，或者气象局局长，应该如何应对灾害？

（三）小组讨论

分小组讨论教师提出的问题，并形成讨论结果。（10 分钟）

（1）教师提问。每个小组需要回答三个层面的问题。第一，在法律、法规层面，如何保障社会整体进入有序防灾状态？国家需要出台哪些法律及配套措施，才能保障在有限的应对时间内，完成灾害应对目标？第二，在管理层面上，如何落实国家的法律、法规，使每一个应对人员均能够尽职尽责？第三，气象部门的职责。在决策气象服务产品制作方面，决策气象服务制作需要何种信息？这些信息如何获得？如何加工？如何传递给决策者？

（2）学生分小组讨论。在讨论进行初期，教师指导学生建立三个小组，每个小组实行轮值组长制度。轮值组长负责记录小组的讨论结果，并在课堂上口头汇总或者写出本小组的讨论结果。

（四）理论讲授

采用头脑风暴法和系统分析方法，基于交流讨论结果，讲授决策气象服务的制作方法。（共 20 分钟）

三个小组分别发表自己的讨论结果。教师在总结相关讨论结果的基础上，简单介绍我国的灾害应对模式，引出我国"以人为本"的灾害治理框架，以及在此框架下，决策气象服务的制作需要遵循的原则。

1）简要介绍我国的荒政史（3 分钟）

"以人为本"的应急联动机制源于中国悠久的荒政制度。所谓荒政，是指政府救济饥荒的法令、制度与措施。早在公元前五百年左右（邵永忠，

2004），中国已经出现荒政雏形。荒政制度的核心是使受灾人员恢复以前的生存状态，从而维持社会再生产的进行和社会的稳定（李向军，1994）。经过千百年的发展，中国的救灾机制已经非常健全。根据《中华人民共和国突发事件应对法》（以下简称《应对法》），一旦发生灾害，将依法启动军队、警察参与救灾。对危险区域，将启动机器人参与救灾（钱善华等，2006）。在应急物资储备方面，截至2023年7月，中国应急管理部已经在31个省（区、市）建立了126个中央级储备库，储备了955.2万件、总价值达37.3亿元的中央应急抢险救灾物资，可以随时调运支援地方做好抗洪抢险、抗旱减灾工作。中国救灾速度和效率越来越高。例如，2021年夏天的河南暴雨灾害，政府立即启动防汛Ⅰ级应急响应，各地消防、武警部队以及民间志愿者迅速集结参与抢险救灾和灾后重建，除了修复受损基础设施、安置受灾群众和生态修复外，还迅速实现了影响防洪的水毁水利工程修复和升级，确保了2022年的安全度汛。

2）介绍我国的灾害治理框架（7分钟）

灾害属于偶发事件，对于地方政府而言，有可能几年、几十年才遇到一次，其灾害处理经验无法有效继承。所以，《应对法》详细地规定了灾害的应对机构、应对阶段、应对方法等信息。使各级、各类灾害应对人员能够按部就班地完成突发处理任务，如图11-1、图11-2所示。

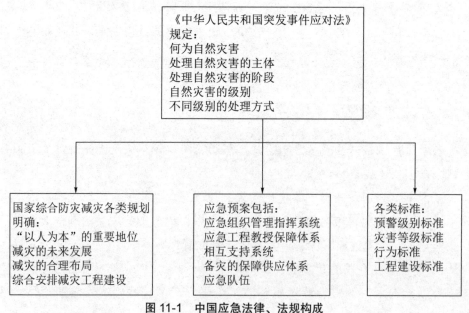

图 11-1 中国应急法律、法规构成

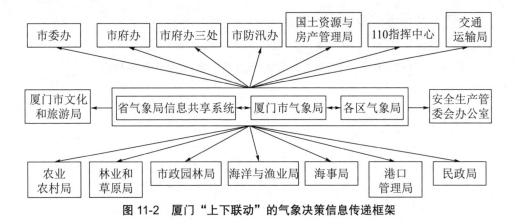

图 11-2 厦门"上下联动"的气象决策信息传递框架

3）决策气象服务信息的制作方法（10分钟）

授课内容示例：

（一）内容要求

1. 结构

（1）结构严谨，层次分明，逻辑性强，服务产品应包括标题、正文和报送单位等要素，文字内容篇幅较长或超过1页，正文前需增加摘要部分。

（2）中心主题明确、重点突出、针对性强、标题醒目。

2. 语言

（1）叙述条理性强，深浅恰当，文字精练流畅，通俗易懂。

（2）对于已出现的天气过程次数，必须明确，不能使用"多次"等不确定的量词。同样不能使用类似于"许多地区"等词。

（3）描述气象要素（如降雨量）变化中使用的等级须与现有气象标准、中国气象局文件保持一致等。

有了案例的引入，学生很容易理解决策气象服务为什么会有规定的制作要求，为什么需要精准等。为了使学生更加深入地理解，以厦门市气象局实际发布的决策气象服务产品为案例进行说明。同时，从气象局发布产品的时间点、时间间隔，推测气象局在制作决策气象服务产品时的繁忙程度。

（五）课堂小结

总结课堂内容，布置作业。（2分钟，讲解法、引导法）

决策气象服务关系到千百万人的安全，所以，需要及时、严谨、客观、精准地提供服务。要求工作人员不仅履行责任，也要有担当精神。要求学生对自己家乡的气象灾害进行了解，并思考如何提高家乡防灾减灾的效率。

四、教学效果

现在的通信设备非常发达，各种信息都可以通过手机在网上查询。由此引发的问题是，很多时候学生无法深入思考。学生有时候会知道问题的答案，但是，为什么会有这样的答案？我们国家为什么会进行这样的制度安排？学生可能由于年龄和阅历的原因，没有进行深入思考。课堂中使用真实的案例进行教学，使学生产生共情，进而使他们理解制度安排背后的原因。

采用案例分析的方式，向学生介绍决策气象服务的产品制作特点、要求等，使学生更容易接受、理解。特别是该案例充分地体现了我国的制度优势、政府职员的敬业精神，这些精神在学生的学习和成长过程中，将起到非常重要的作用。

本课程已经开设多年，相关教师一直致力于建设好这门课程。在此过程中，教师们使用了多种方式和方法，并不局限于上文介绍的方法。现在已经可以做到在不同的课程阶段，使用不同的教学方法。很多学生在学习过程中，开始主动接触这一公共气象服务领域，并且会撰写一些论文，找老师讨论相关的主题。

第二节　智慧气象，守护地球，服务社会

一、课程思政教学整体设计思路

（一）总体思路

开展师生"互动式"教学，通过知识讲授和案例分析相结合，深度融合公共气象服务理论与思政内容。

（1）与学生共同探讨思政与公共气象服务的关系，破除学生认为思政课程只能单独开设的传统看法，树立思政就是价值塑造的基本理念。

（2）和学生共同研究和分析公共气象服务的相关理论问题，针对课程重难点和思政教育的结合点展开讨论，无痕融入思政内容。

（二）教学目标

（1）知识与技能目标。掌握公共气象服务的相关概念、基本原理和基本分析方法，理解公共气象产品制作过程和服务的流程；培养学生运用公共气象服务的知识与思维方法去服务社会的能力，提升学生对公共气象服务理念的理解和应用的综合素质。

（2）思政教育目标。帮助学生正确认识公共气象服务的重要意义，坚定为国家和社会服务的决心和信心；引导学生从理解公共气象服务的理论过程中逐步养成低碳生活、爱护环境、勤俭节约的习惯。

二、课程思政教学方法及手段

本课程以线下教学为主，并利用QQ群开展课程的辅助教学。以课堂讲授知识点和学生对相关问题展开讨论为主要形式；QQ群作为辅助工具，发布教学内容预告、PPT课件、知识点总结、问题解答、讨论主题、单元测试和作业等。

根据教学内容和教学主体的差异性，在课堂上采用知识点讲授法、案例分析法、课堂讨论法、思维引导法等教学方法，提升学生的主体性，激发其积极性和主动性。在引导中进行课程思政教育，实现价值导向与知识技能培育的统一。

（一）知识点讲授法

知识点讲授法是教师通过简明、生动的口头语言向学生传授知识、发展学生智力的一种教学方法。在课堂中，通过叙述、描绘、解释、推论来传递公共气象服务导论课程的知识、阐明概念，并引导学生分析和认识问题。同时教师的语言需要生动形象、富有感染力，清晰、准确、简练，条理清楚、通俗易懂，尽可能音量、语速要适度，语调要抑扬顿挫，适应学生的心理节奏。在讲授过程中既重视内容的科学性和思想性，同时又要尽可能地与学生的认知基础发生联系；注意培养学生的学科思维；在讲授过程中提出一些启发性问题。

讲授法可以让教师容易控制教学进程，能够使学生在较短时间内获得大量系统的科学知识。但如果单一运用，学生学习的主动性、积极性不易发挥，容易出现教师满堂灌、学生被动听的局面。因此，需要和其他教学方法相结合。

（二）案例分析法

"公共气象服务"课程的理论性较强，需要结合具有实际意义的生动具体的案例分析，才能提高其趣味性和课程教授的效果。案例分析法是由教师提供与课程知识点紧密相关的典型案例，学生通过学习、讨论、分析、解决问题，提出不同解决方案的教学方法。

（三）课堂讨论法

课堂讨论法是学生在教师的指导下，为了解和掌握某个理论或知识点而进行探讨、辨明是非真伪以获取知识的方法。其优点在于能克服传统知识点讲授方法的缺陷，更好地发挥学生的主动性、积极性，有利于培养学生独立思维能力、口头表达能力，促进学生灵活地运用知识。讨论的主题围绕公共气象服务课程内容，要有吸引力，要善于启发引导学生，讨论结束时学生和教师要进行小结。

（四）思维引导法

在知识点讲授和案例分析讨论过程中，还需要对学生进行思维的引导，将掌握的知识理论转化为素质能力的提升。激发学生的学习兴趣，引导学生明辨思维方向，提高思维能力。

教学手段重在实现教学资源多样化、实时化，教学组织合作化。注重教学过程评价，将课堂讨论、课后调研任务等在课堂展示，并纳入平时成绩的考核范围。

为开阔学生的视野，在学生QQ群中分享文献、科普视频等拓展材料，如"国外气象服务能力的比较和发展""国家气象卫星事业发展历程"等，一方面帮助学生了解公共气象服务发展的总体形势和现状，另一方面激发学生的学习热情。

三、教学过程

本节以第四章《公众气象服务》中第一节《公共气象服务的内涵及分类》为例。

（一）复习与引导

通过设疑法、引导法和课前测验完成前面课程内容复习并引入本次课程内容。（5分钟）

回顾：教师通过回忆的方式，将课程前一章节（第三章）决策气象服务的相关概念、服务产品、服务系统和工作流程等知识点概括地梳理一遍，帮助学生回忆所学内容。接着，借助教室多媒体，展示1~2道涉及重要知识点的选择题与判断题，邀请学生回答并解释原理，教师进行点评，加深和巩固对所学理论知识的理解。

（二）案例引入

采用引导法、设疑法等方法引入本次课程案例。（5分钟）

以"2011年10月，我国中东部大部地区遭遇入秋以来的首场大雾天气"事件为例，给学生介绍当时中央气象台发布大雾预警的情况，气象专家对未来天气的预测，以及对社会生活影响的提醒和建议。

引入案例内容：

公众气象服务不仅包括我们日常接触到的各类气象预报，也包括气象知识的普及、气象灾害的预警等，你从下面的案例中可以获得哪些信息，气象部门为什么提供这些信息？

2011年10月，我国中东部大部地区遭遇入秋以来的首场大雾天气，大雾笼罩，给人们出行造成不便，在江苏、河南、浙江等多地引发交通事故，不少机场航班受到影响。

继10月8日发布首个大雾蓝色预警后，10日18时，中央气象台连续三天发布大雾蓝色预警：预计10日夜间到11日上午，华北中东部、黄淮、江淮、江汉东部、江南大部、广西、云南东部等地有轻雾，其中，河北中南部、山东西部、江苏中北部、安徽南部、广西西部、云南东南部等地的部分地区有能见度不足1 000米的雾，局地能见度不足500米。

为何会形成如此大范围的大雾？中国天气网首席气象专家、中央气象台原台长李小泉表示，影响我国中东部的雾主要是辐射雾，其形成需具备水汽、温度等多个条件。具体来说，首先，需要近地面空气中含有丰富的水汽；其次，夜间近地面发生辐射冷却，温度下降明显，使空气容易达到饱和，凝结成雾滴；

最后，没有冷空气活动，风力不大，悬浮的雾滴不易消散，这样就形成了雾。

李小泉说，通常，较强冷空气的到来会导致大雾天气结束，而两三天后便将具备这一条件。根据中央气象台最新预报，10月12~15日，将有一股中等偏强的冷空气影响我国中东部大部分地区。

不过，气象专家表示，防范大雾的工作不能就此松懈。从现在一直到春季之前，都是中东部地区大雾的高发季节。在冷空气活动间隙，大气变得较为稳定，如果再出现偏东风，从海面送来大量水汽，大雾天气便将反复出现。

专家提醒，尤其在湖泊、洼地附近等低洼地带，水汽条件好，更易积聚浓雾，能见度差，造成交通事故。驾驶员应控制速度，确保安全。机场、高速公路、轮渡码头等要关注气象部门发布的预警信号和天气信息，及时采取措施（刘毅和余晓芬，2011）。

基于以上案例引出"公众气象服务"在现实生活中发挥着巨大作用的结论，并提问"生活中还有哪些例子属于公众气象服务的类型呢？"让学生带着问题学习本章公共气象服务的相关内容。

（三）课程内容讲授与互动

采用知识点讲解法、案例分析法、课堂讨论法切入教材内容，讲授新内容。（30分钟）

1. 公共气象服务的内涵

公共气象服务是指能够提高全民生活水平，使全社会在气象灾害到来之际都有自觉、科学规范的防灾行动的气象服务产品。它是气象部门的主要、常规服务内容，是决策气象服务、专业气象服务的基础。因为服务对象是全体公民，因而服务内容广，服务反响大。

在介绍公共气象服务内涵的过程中，通过对中国产业优化与升级、高技术产业发展、城市化、人口健康、资源综合利用和社会可持续发展、环境保护与改善、国家安全等现状的拓展讲解，说明气象服务行业的发展也同样需要以国家需求为导向，解决国家发展中的重大问题。从国家战略的角度构建"大思政"的空间格局，将国家发展战略规划、高精尖科技成果与公共气象服务内涵相结合，鼓励学生关注国家发展和科技进步，引导同学们认识和感受公共气象服务行业宽广的应用领域，产生强烈的专业自信心和自豪感。

2. 公共气象服务的分类

公共气象服务的分类包括结构性文字信息、非结构性文字信息等。

对每一种公共气象服务的类型分别举例介绍，给学生以直观印象。结构性文字信息类公共气象服务以我国部分城市的天气预报图表、气象灾害预警信息、现在天气列表为例，形象直观地展示该类服务的特征属性。非结构性文字信息主要用来向公众传递气象科普、灾害状况、灾害防御等知识。公共气象服务的目的之一是使全体公民在气象灾害到来之际都有自觉、科学规范的防灾行动，在日常生活中，能够更好地应用气象预报等信息，提高自身的生活水平，因此，公共气象服务的类型必然是多样化的。

以"寒潮防御指南"为例，分别从个人和农业角度介绍该类非结构性文字信息产品。从简单介绍寒潮的形成原理出发，到导出公共气象服务应提供的产品内容，让学生知其然，并知其所以然，使学生掌握知识的同时，增强专业认识度，提高职业认同感，培养正确的职业价值观与责任意识。

寒潮形成原理：

中国位于欧亚大陆的东南部。从中国往北去，就是蒙古国和俄罗斯的西伯利亚。西伯利亚是气候很冷的地方，再往北去，就到了地球最北的地区——北极。那里比西伯利亚地区更冷，寒冷期更长。影响中国的寒潮就是从这些地方形成的。

位于高纬度的北极地区和西伯利亚、蒙古高原一带，一年到头受太阳光的斜射，地面接收太阳光的热量很少。尤其是到了冬天，太阳南移，北半球太阳光照射的角度越来越小，因此，地面吸收的太阳光热量也越来越少，地表面的温度变得很低。在冬季的北冰洋地区，气温经常在 $-20℃$ 以下，最低时可到 $-70℃ \sim -60℃$。1月份的平均气温在 $-40℃$ 以下。

由于北极和西伯利亚一带的气温很低，大气的密度就要大大增加，空气不断收缩下沉，使气压增高，这样，便形成一个势力强大、深厚宽广的冷高压气团。当这个冷性高压势力增强到一定程度时，就会像决了堤的海潮一样，一泻千里，汹涌澎湃地向中国袭来，这就是寒潮。

每一次寒潮爆发后，西伯利亚的冷空气就要减少一部分，气压也随之降低。但经过一段时间后，冷空气又重新聚集堆积起来，意味着一次新的寒潮的爆发。

寒潮防御指南：

1）个人

当气温发生骤降时，要注意添衣保暖，特别是要注意手、脸的保暖。

关好门窗，固紧室外搭建物。

外出当心路滑跌倒，老弱病人，特别是心血管病人、哮喘病人等对气温变化敏感的人群尽量不要外出。

注意休息，不要过度疲劳。

提防煤气中毒，尤其是采用煤炉取暖的家庭更要提防。

2）农业

由于冷空气来时风力较大，棚架设施应注意加固，防止棚架倒塌或大风掀开棚膜加重冻害，并做好温湿调控。

油菜、绿肥及低洼地段的柑橘园等应注意清沟排渍，防止积水结冰加重冻害；叶菜类蔬菜可用稻草覆盖，减轻冰冻危害。

蔬菜或花卉大棚加盖草垫、双层薄膜等保温材料，提高棚内温度。

家禽家畜等养殖户做好禽畜棚舍的防寒保温工作，家禽养殖棚内还应该增加光照时间，以增加产蛋率；水产养殖池注水调温，并适当减少投饵量。

图片型公众气象服务可以传递大量的信息，但是一般需要具有专业知识才能看懂，因而可以增加文字解释信息，在给学生介绍时，可以鼓励学生要多涉猎一些其他专业的知识，如大气科学专业的知识，开阔视野，提高生存能力和生活质量。

多媒体型信息的公众气象服务由文字、图像、图形、视频和音频五种媒体元素组成，并与 Web 应用、远程协作、信息播放与存储等技术相结合，共同为用户提供服务。多媒体技术被应用于灾害预警、气象科普等气象服务产品中。多媒体可以为用户提供更高的人机交互能力，用户可以根据自己的兴趣与信息需要设定路径和速度，甚至修改内容或对内容加注解；可以任意从一个文本跳到另一个文本，并且激活一段声音，显示一个图形，或播放一段视频。

在讲授图片型和多媒体型气象服务时，通过采用公共气象服务相关的图像呈现、视频播放、数据比对等丰富多彩的形式，使课堂教育更为形象生动、立体真实，达到学生自发的心灵触动、思想感染，从而提高学生在课堂上对隐性课程思政教育的兴趣和思政效果。

3. **主要产品**

公共气象服务产品包括很多，按照应用目的不同可以分为灾害预警、天气预报、气象探测信息、气候变化、农业气象类、旅游气象类等。分别向学生介绍各类产品的定义、特征和应用，并结合实例进行讲解说明。

在讲授灾害预警服务产品时，要强调产品信息的简明、准确等方面的要求和灾害防御指导的作用。介绍预警信息的一些基本特征和规定，如国家气象局颁布了各种气象灾害预警等级，并为不同的预警等级撰写了相应的防灾指南。

气象灾害预警等级一般包括四级，分别是蓝色、黄色、橙色和红色。一些灾害的预警等级只有三级，如高温预警等级只包括黄色、橙色和红色。预警等级划分标准包括预警信号、含义和防御指南三个部分。由于各省份的区域地理环境差异，国家鼓励省级气象主管机构根据实际情况制定预警标准，报中国气象局应急减灾与公共服务司审批。在介绍过程中，融入气象行业的国家级规范以及准则制定和审核等的相关内容，培养学生严谨的科学态度与崇高的爱国情操等。

在讲授气象探测类公共气象服务产品时，通过介绍我国气象卫星和雷达类产品的发展历史和现状、与世界其他国家的比较，以及它们在现代公共气象服务中的应用领域等内容，让学生深切感受到祖国在通信和计算机等智能领域的飞跃进步和国家实力的日益强盛，培养学生强烈的民族自豪感和民族意识。

在介绍气候变化类公共气象服务产品时，融入气候变化、节能减排和清洁能源的相关知识，通过对全国节能减排三十六计、气候变化和资源短缺对人类健康的危害等案例的介绍，不仅使原本枯燥的理论知识更具有吸引力，而且可以培养学生低碳生活、爱护环境、勤俭节约的理念。这对贯彻落实科学发展观，构建社会主义和谐社会，建设资源节约型、环境友好型社会，推进经济结构调整，转变增长方式，维护中华民族长远利益具有重大意义。

在介绍农业气象服务产品时，除了介绍各类农业气象服务类别，还通过与学生讨论"气象服务与农业发展的关系"问题，培养学生坚持理论与实际、历史与现实、价值判断与事实判断相结合，积极关注当前生态文明建设与生态环境治理、粮食生产安全与耕地保护、绿色发展与农业科技融合等领域的理论和现实问题，将马克思主义哲学、社会主义核心价值观等理论与本课程内容相结合，引导学生深入思考人与自然的关系这一永恒主题，激发学生树立促进人类文明发展进步的坚定信念，在学习中求真知、明真理、做真人。

学生们感受到，在讲解专业知识时融入课程思政内容，对于"公共气象服务"这门课程具有极大的社会意义。气象服务行业是国民生产生活、国防建设重要的一部分，建设好现代化气象服务行业，为国家生产、国民生活、国防建设提供高质量气象服务产品是保障国家安全、提升国民生活质量的重要一步。通过课程学习，学生对公共气象服务理论多了一份了解，对于将来从事相关行业及工作多了一份责任，并且意识到树立积极奉献社会与保卫国家安全的意识是多么重要。

（四）课堂小结

采用讲解法、引导法完成本次课程小结并布置作业。（5分钟）

带领同学们一起简要回顾公共气象服务的内涵、分类及相关产品。接着播放关于气象大师——竺可桢的视频，讲述其一生为气象事业奉献的传奇经历，引导学生感受老一辈科学家赤诚无私的家国情怀，潜心求索的学术风范和宽广大气的心胸格局，争做有情怀、有理想、有担当、有作为的国家人才，树立学生正确的世界观、价值观和人生观。

布置课后作业：请同学们在网络上收集其他类型的公共气象服务产品，并介绍其特征和应用，制作成简要的PPT文件，并与课堂介绍的公共气象服务产品类型进行比较，进而巩固课堂知识，促进学生对课堂所学融会贯通。

四、教学效果

通过课堂讲授、讨论和课后作业等情况发现，学生总体上能够较好地理解课程的理论知识，并能够较好地掌握公共气象服务的内涵、相关产品及应用。此外，课程思政教育与公共气象服务内容的讲授有机融合，提升了学生的学习热情，改善了学习效果。

在课堂教学过程中进行案例分析总结时，教师引导学生思考并回答"你觉得公共气象服务重要吗？为什么？""你觉得气象服务对哪些行业更重要？""以后有从事气象服务行业工作的打算吗？"，学生们积极参与讨论，课堂氛围活跃轻松。这一方面激发了学生对课程的兴趣，另一方面鼓励他们平时要做多手准备，在学好自身专业知识的同时，广泛涉猎一些交叉学科的知识，开阔视野，只有这样才能在今后的择业过程中如鱼得水、游刃有余。

本学期教学督导听课评价均为优秀，课程也受到学生们的广泛好评。

五、教学反思

（一）教学观念的反思

现代高校教师的教育观念要逐步更新，且教师的角色也要转变，教师再也不能把知识传授作为自己的主要任务和目的，把主要精力放在检查学生对知识的掌握程度上，而应成为学生学习的激发者、引导者、组织者和合作者。

当代大学生的培养目标对知识和技能的教学提出了具体的、符合实际的要求，同时也对学习过程中学生能力和方法的培养，学生情感态度与价值观的形成提出了具体、可操作的目标。"培养现代公民必备的服务素养"是本课程的基本理念之一，课程标准中有大量的与资源观、环境观、可持续发展观有联系的教学内容。因此，课堂教学必须更加符合现代大学生教育的要求，必须有利于学生的可持续发展，能帮助他们形成正确的三观。

（二）教学设计的反思

积极反思教学设计与实际需求是否合适，及时看到学习过程中出现的偏差，不断探求教学目的、教学工具、教学方法等方面的问题，积极改进，从而优化教学，有效地促进学生的学习，是每个教师在进行教学设计时必须进行的步骤。

每个学生都有不同的智能组合，有自己的智能弱项和智能强项，也有与此相适应的独特的认知方式。学生知识面有宽有窄，学习能力有高有低，认知能力有强有弱。教师必须正视学生之间的这种个体差异，比如可以在内容的呈现方式上进行认真的构思和设计，采用文字材料、图像信息、多媒体等形式，照顾不同学生的学习兴趣和能力要求。

（三）教学过程的反思

教师的反思大多是针对教学过程进行的，教师要对教学中重难点的处理、学生的主体地位是否得到确立、学生的创新思维能力是否提高等情况进行反思，然后再回到实践教学中去探索，使教学与研究能力得到提高。

"启发式教学"和"探究式学习"模式能为学生提供更多获取知识的渠道和方式,在获取和形成知识的过程中,推动他们去关心现实,了解社会,体验人生,并积累一定的感性知识和实践经验,使学生获得比较完整的学习经历。同时,在授课过程中培养学生形成一种探究性、开放性的学习方法和思维方式。

（四）教学反馈的反思

"公共气象服务"是一门理论性很强的学科，要完成教学大纲中规定的知识与技能、过程与方法、情感态度与价值观这三个维度的教学目标，除了师生在课堂上的教与学之外，目前最直接的反馈就来源于课后练习。

课后练习也是一种学习的过程。通过练习，不仅可以检查学生课堂学习的效果，弥补课堂学习的不足，加深对所学知识的理解和运用，而且也可以培养学生的思维能力、探究能力和创新能力，同时还可以让学生探索获得知识的方法，体验知识形成的过程。所以，本课程的课后练习必须是科学的、多样的、开放的，不能仅仅为了使学生完成作业而教学，而要教给学生对其终身发展有益的能力，所以要侧重对学生职业技能和方法的培养。

此外，在任何一门课程中，品德教育是第一要务。作为一门专业选修课程，"公共气象服务"应该以人为本，强调服务精神的培养。服务精神的培养，既包括学生的专业素质与专业技能，也包括学生的思想品德与政治素养。因此，我们坚持专业教学和思政教学相结合，始终将德育放在第一位。教学是教与学的交往、互动，师生双方相互交流、相互沟通、相互启发、相互补充，在这个过程中教师与学生分享彼此的思考、经验和知识，交流彼此的情感、体验与观念，丰富教学内容，实现教学相长和共同发展。对教师而言，多一点教学反思的细胞，就多一些教学科研的智慧，经常进行教学反思，益处多多，其乐无穷！

六、总结

通过对"公共气象服务"课程的教学设计介绍和过程反思，我们对本课程做以下简要总结。

（一）成功之处

（1）课堂引导是本课程实施过程中的重要方法，在引导中进行课程思政教育，实现价值导向与知识技能培育的统一。

（2）"互动式"教学调动了学生的学习主动性和积极性，营造了良好宽松的课堂教学氛围，有利于学习效果的提升。

（3）案例分析式教学弥补了理论课程知识点讲解乏味的缺点，将教学内容具体化、生动化，活跃了课堂氛围，提高了学习兴趣。

（二）不足与改进措施

（1）应继续强化课程思政与"公共气象服务"课程的有机深度融合，及时记录教学过程及具体活动，便于进一步总结提升。积极挖掘"公共气象服务"课程中的思想政治教育元素，推动本课程与思想政治理论课同向同行，实现协同育人、全方位育人。处理好课程思政与思政课程的关系，实现二者的逻辑互构，实现价值引领的目标。

（2）"互动式"教学过程中，一般是随机选择学生进行回答，主动回答的学生较少。为改善这样的情况，应精心准备，不断启发学生，激活学生思维，深入推进互动。在备课过程中要深入研究课堂上讨论的主题，多角度、多侧面地挖掘该主题可能引发的争论，为课堂引导做好准备。

（3）推进线上线下混合式教学，不断优化教学过程，改善教学效果。实体课堂是一种教学渠道，在线平台也是一种教学渠道。科技发展使我们的教育渠道更加多元。在全新的教学形势下，我们必须主动适应变化，主动研究在线平台的特点，将它们的优势变成自己的优势。公共气象服务导论课程目前仍然以课堂教学为主，尚未能很好地利用线上教育资源，在以后的教学过程中需要推进线上教学以及线上线下相结合的混合教学模式，进一步丰富教学资源、提高学生的学习兴趣和热情。

总之，我们既要吸收新时代给我们的新工具、新方法，又要善于保留与发扬传统教学模式中的优势；既要对教学模式进行线上线下的融合创新，又要落地生根地使其在教学活动中产生教学实效；既要全心搞好专业教学，也要全心搞好思政教育。

我们认为，外在的教学形式必须服务于内在的教学内容，教学的最终目的是产生教学实效，以专业与思政来"立德树人"。只有立足实践，实事求是，才能最终达成"立心明道"的教学目标。